中国梦与世界

金鑫　胡昊◎主编

CHINESE DREAM
AND THE WORLD

中国社会科学出版社

图书在版编目(CIP)数据

中国梦与世界／金鑫，胡昊主编．—北京：中国社会科学出版社，2016.9

ISBN 978 - 7 - 5161 - 9355 - 6

Ⅰ.①中…　Ⅱ.①金…②胡…　Ⅲ.①中国特色社会主义 - 社会主义建设模式 - 研究　Ⅳ.①D616

中国版本图书馆 CIP 数据核字(2016)第 273059 号

出 版 人	赵剑英
责任编辑	任　明
特约编辑	乔继堂
责任校对	安　然
责任印制	何　艳

出　　版	中国社会科学出版社
社　　址	北京鼓楼西大街甲 158 号
邮　　编	100720
网　　址	http://www.csspw.cn
发 行 部	010 - 84083685
门 市 部	010 - 84029450
经　　销	新华书店及其他书店

印刷装订	北京市兴怀印刷厂
版　　次	2016 年 9 月第 1 版
印　　次	2016 年 9 月第 1 次印刷

开　　本	710×1000　1/16
印　　张	10.75
插　　页	2
字　　数	150 千字
定　　价	58.00 元

每个人都有理想和追求，都有自己的梦想。现在，大家都在讨论中国梦，我以为，实现中华民族伟大复兴，就是中华民族近代以来最伟大的梦想。这个梦想，凝聚了几代中国人的夙愿，体现了中华民族和中国人民的整体利益，是每一个中华儿女的共同期盼。

——习近平

　　实现全面建成小康社会、建成富强民主文明和谐的社会主义现代化国家的奋斗目标，实现中华民族伟大复兴的中国梦，就是要实现国家富强、民族振兴、人民幸福，这既深深体现了今天中国人的理想，也深深反映了我们先人们不懈追求进步的光荣传统。

——习近平

　　实现中国梦，必须坚持中国特色社会主义道路。我们已经在这条道路上走了30多年，历史证明，这是一条符合中国国情、富民强国的正确道路，我们将坚定不移地沿着这条道路走下去。

　　实现中国梦，必须弘扬中国精神。用以爱国主义为核心的民族精神和以改革创新为核心的时代精神振奋起全民族的"精气神"。

　　实现中国梦，必须凝聚中国力量。空谈误国，实干兴邦。我们要用13亿中国人的智慧和力量，一代又一代中国人不懈努力，把我们的国家建设好，把我们的民族发展好。

——习近平

　　中国梦要实现国家富强、民族复兴、人民幸福，是和平、发展、合作、共赢的梦，与包括美国梦在内的世界各国人民的美好梦想相通。

——习近平

　　中国梦既是中国人民追求幸福的梦，也同世界人民的梦想息息相通。中国将在实现中国梦的过程中，同世界各国一道，推动各国人民更好实现自己的梦想。

——习近平

序　言
中国梦为世界注入正能量

金　鑫

世界各国人民都有自己的梦想。追求美好的未来，这是人类共同的价值，也是推动人类社会不断发展进步的不竭动力。中国梦就是千百年来中国人民对和平发展的渴望和追求。中国梦的实现有利于促进世界和平与发展，具有重要的世界性意义。

中国梦是维护世界和平之梦。坚持走和平发展道路，是中国发展战略的重大抉择，也是中国对外战略的重大宣示。中国人民历来爱好和平，反对战争。中国是和谐世界理念的积极倡导者和推动者，是世界和平的坚定维护者和捍卫者。中国改革开放30多年，是和平发展的30多年，是与世界各国和平相处、共同发展的30多年，中国以自己的实践打破了后起国家振兴必掠夺、侵略和争霸的历史定律，开创了全球化时代靠勤劳智慧、靠合作共赢实现和平发展的全新道路。中国今天取得的成就，得益于和平稳定的国际环境和周边环境。未来，中国要实现"两个百年"的奋斗目标，要实现中国梦，仍然离不开和平稳定的国际环境。少数西方政客和媒体诬称"实现中国梦就是要超越其他国家和民族去称霸世界"，这是对中国坚定走和平发展道路的战略意图和战略决心的误读。不当头、不称霸是中国的基本国策和战略选择。中国反对各种形式的霸权主义和强权政治，永远不称霸，永远不搞扩张。随着中华民族的伟大复兴，中国将更加坚定地维护世界和平、稳定与发展。

中国梦是促进共同发展之梦。中国梦首先是发展梦。实现中国梦，意味着约占全球1/5的人口将得到很大发展，这本身就是对世界的一大贡献。中国的发展不仅惠及全体中国人民，也有利于推动世界共同发展，惠及世界各国人民。中国实现梦想的过程，也是进一步扩大开放、与各国共同分享更多发展成果和发展红利的过程。改革开放以来，特别是国际金融危机爆发以来，中国经济增长对世界经济的贡献不断加大，成为带动世界经济复苏的重要引擎。未来，中国的发展将带给世界新的机会与惊喜，中国将继续加强同世界各国的合作，共同把世界经济的"蛋糕"做大。有数据显示，今后5年，中国将进口10万亿美元左右的商品，对外投资规模将达到5000亿美元，这将为其他国家创造更大的发展机遇。与此同时，中国人在实现中国梦的过程中，到中国发展的外国人同样拥有发展机遇和成功的机会。就像西班牙中国政府观察网刊文称，"未来中国很可能成为新的机遇之国，吸引更多外国人前来实现中国梦"。

中国梦是推动合作共赢之梦。我们生活在全球性问题迭出的世界。在相互依存日益加深和全球化深入发展的时代背景下，一国的国家利益和全球利益紧密相连，经济金融危机、气候变化、资源能源安全等全球性问题的解决单靠一国的力量显然不够。解决人类共同面临的问题需要多国携手、同舟共济。中国梦的实现过程，同时也是积极参与全球性问题治理的过程。正如英国《金融时报》一篇文章所说，"中国梦是与世界各国扩大利益汇合点，构建起利益共同体"。中国积极倡导人类命运共同体意识，主张世界各国在追求本国利益时兼顾他国合理关切，呼吁建立更加平等均衡的新型全球发展伙伴关系。在经济方面，中国将继续奉行互利共赢的开放战略，通过深化合作促进世界经济强劲、可持续和平衡增长。在全球性问题解决方面，中国将坚持把中国人民的利益与各国人民的共同利益结合起来，以更加积极的姿态参与国际事务，发挥负责任大国作用，为人类社会贡献更多公共产品，共同应对全球性挑战。

"各美其美，美人之美，美美与共，天下大同"。人类文明的多样性，决定了梦想的丰富多彩。中国梦是和平、包容、和谐之梦，中国梦与各国梦、世界梦互通互接，世界好，各国好，中国才会好。反之亦然。

目　　录

第一章 何为"中国梦"

党的十八大以后，习近平总书记提出中国梦这一重要指导思想和执政理念。从历史唯物主义视阈看，中国梦并非一般意义上的生理之梦，亦非与现实相对立的虚幻之梦，而是积极向上而又不脱离实际的理想、追求和抱负。中国梦的现实意蕴丰富，历史溯源深远，但非无所不包的"箩筐"，凝炼起来，它是集国家、民族和个人三位一体的伟大梦想，是亿万中国人民经过共同奋斗而能实现的梦，是对国家、民族和人民三个层面自我价值实现的肯定。中国梦是基于现实国情与历史定位，对当代中国"究竟向何处去"的总体判定。

第一节 中国梦的基本内涵和实现路径

中国梦是新时期中国共产党执政理念的新发展，意蕴丰富，层次明晰，内涵深邃。中国梦的提出经历了从宏观到微观、从抽象到具体的过程，最终呈现在世人面前。从习近平总书记多个国内国际场合阐述中国梦可以看出，中国梦并非虚无缥缈的梦想，而是可以落地生根的理想。因为中国梦有着丰富内涵，设计者规划了"圆梦"的现实路径。

一 中国梦的提出过程

2012年11月底，习近平总书记带领新一届中央政治局常委在国家博物馆参观复兴之路图片展，在参观后的讲话中，第一次正式提出中国梦。习近平总书记从历史的视角切入，谈到近代中国逐渐衰败，落后于世界，遭受西方国家的侵略凌辱。近代史是中国的屈辱史，是伟大的中华民族不屈不挠的奋斗史。也是从近代开始，伟大的中国人民开始追寻中国梦，这个中国梦是一个立体式的愿景，既是国家实现繁荣富强，还是中华民族实现往日的辉煌，更是人民过上物质精神双富足的小康生活。这个梦想"凝聚了几代中国人的夙愿，体现了中华民族和中国人民的整体利益，是每一个中华儿女的共同期盼"。"中国梦是实现中华民族伟大复兴的民族梦，是实现社会主义现代化的强国梦，是全国人民实现小康生活的个人梦。中国梦实现了从国家到个人的跨越，具有非常重要的意义"。中国现在正站在新的历史起点上，最接近实现中华民族伟大复兴的梦想。因此，中国梦的提出既是对中国近代屈辱史的回应，也是对实现社会主义现代化的真实诉求。

在第十二届全国人民代表大会第一次会议的讲话中，习近平总书记对中国梦进行深入全面阐释，解读了中国梦的核心价值，指明了中国梦的动力源泉，阐述了实现中国梦的现实路径，将完整的中国梦画卷展现出来。中国梦的实质性内涵是"国家富强、民族振兴、人民幸福"，这个基本内涵"既深深体现了今天中国人的理想，也深深反映了我们先人们不懈追求进步的光荣传统"。他指出，实现中国梦并非漫无目的的，而是有章可循的，即走中国道路、弘扬中国梦精神、凝聚中国力量。中国梦的最终落脚点是人民，人民是实现中国梦的动力源泉。中国梦的实现需要人民的支持，必须紧紧依靠人民来实现，必须不断为人民造福。中国梦在圆梦的过程中，反哺人民、造福人民。

习近平总书记还在国内其他场合从不同的侧面阐述了中国梦。2012年12月，习近平总书记考察广州战区时指出，中国梦是强国梦，对军队而言就是强军梦。中国"要实现中华民族的伟大复兴，必须坚持富国和强军相统一，努力建设巩固国防和强大军队"。2013年五四青年节上，习近平总书记从时间维度解读中国梦，指出中国梦串联了过去、现在和未来，反映出历史的连贯性和延续性。中国梦是青年一代的梦想，中华民族伟大复兴终将在广大青年的奋斗中变为现实。

此外，习近平总书记还在不同国际场合向外界传达中国梦。在首次出访前接受金砖国家联合采访，习近平提及中国梦。他指出，"实现中华民族伟大复兴的中国梦，是近代以来中华民族的夙愿"，"国与国之间、不同文明之间能够平等交流、相互借鉴、共同进步，各国人民都能够共享世界经济科技发展的成果，各国人民的意愿都能够得到尊重，各国能够齐心协力推动建设持久和平、共同繁荣的和谐世界"。字里行间流露出，中国梦与世界其他国家的梦想是相通的，可以相互交流、相互借鉴。

2013年3月，习近平访问俄罗斯，在莫斯科国际关系学院发表演讲，清晰地表达了中国梦是寻求发展的梦，是希望世界和平的梦。"中国将坚定不移走和平发展道路，致力于促进开放的发展、合作的发展、共赢的发展，同时呼吁各国共同走和平发展道路"。"中国发展壮大，带给世界的是更多机遇而不是什么威胁。我们要实现的中国梦，不仅造福中国人民，而且造福各国人民"。习近平访问坦桑尼亚，在坦首都达累斯萨拉姆尼雷尔国际会议中心发表演讲，中国人民正致力于实现中华民族伟大复兴的中国梦，非洲人民正致力于实现联合自强、发展振兴的非洲梦，中非双方虽相隔万里，但同命运、共呼吸，中国梦和非洲梦可以实现对接。2013年5月习近平访问拉美三国，出访前接受拉美媒体采访时表示，"中国和拉美虽然远隔重洋，但我们的心是相通的。联结我们的不仅是深厚传统友谊、密切利益纽带，还有我们对美好梦想的共同追求"。

从中国梦的提出过程看，中国梦并不是虚幻、抽象和空洞的口号，它根植于近代以来中华民族救亡图存，立足于当前社会主义现代化建设，着眼于未来两个百年的奋斗目标，具有历史性、时代性，承接历史，立足现实，开拓未来。

二　中国梦的基本内涵

通过习近平总书记的系列讲话可以看出，中国梦的基本内涵是国家富强、民族振兴和人民幸福。这三个维度是对中国梦内涵的高度凝炼和概括，搭建起中国梦的主要架构。但中国梦的内涵绝不仅止于此，还是以国家、民族和个人为中心，向外拓展延伸，构建成绚丽多姿的美好梦想。

富国梦和强国梦是国家梦的主要内容。自改革开放以来，中国经济高速发展，取得了令世界瞩目的伟大成就，有外媒以"中国速度"表达中国 30 余年的发展轨迹。2010 年，中国 GDP 总量超越日本，跃居世界经济总量的第二位。但我们在欢呼成绩的同时，不应忽视中国经济发展存在的一些问题，如高能耗、科技含量不高、人均收入低、能源紧缺、环境污染、经济发展不平衡等，中国仍旧处于社会主义初级阶段，有很多问题需要解决，离小康社会的标准还有一定距离。在未来发展过程中，中国还有很多困难需要克服。以习近平为总书记的党中央，高瞻远瞩，锐意进取，主动调整经济发展方式，不再追求经济增长的高速度，而是向经济发展要质量，明确了市场作为资源配置中的决定性作用，探索中国经济发展的转型。中国经济只有实现更加科学、合理、可持续的发展，富国梦才能早日实现。富国梦不仅是物质生活的富裕，而且是精神生活的充实。中国不追求物质充实、精神残缺的"瘸腿"富足，而应满足广大人民群众精神文化层次的追求。这不仅要发挥感召世人的社会主义核心价值观、文明和谐的社会道德风尚的作用，而且要有真正为人民服务的文化产业和精神产品。

强国梦是提高自身实力，以捍卫国家利益不受外来侵蚀。[1] 军队是捍卫国家安全的保障，强国梦亦是强军梦。中国奉行防御性的国防政策，不搞军备竞赛，这种政策不以国家强弱为标准，而以是否造福中国人民和世界人民为准线。中国人民是爱好和平的人民，强军的目的是维护国家利益，为国家繁荣富强保驾护航，并不是好勇斗狠，更不是希望追求世界领导权，甚至是霸权。近代以来，中国人民蒙受了外国侵略，深知和平的宝贵与来之不易。新时代下，中国需要和平稳定的国内外环境，以建设社会主义现代化。因此，中国绝对不会主动挑事，势必高举和平发展的大旗，走和平发展的道路，行和平发展的

---

① 　参见俞正梁《中国梦的三重国际内涵》，载《国际展望》，2013 年第 5 期，第 4 页。

举措，致力于促进开放的发展、合作的发展、共赢的发展。因此中国即便以后强大了，也不会走上危害世界和平稳定的穷兵黩武之路。中国的发展不会对任何国家构成威胁。中国发展强大，带给世界的是机遇而不是威胁。

民族梦的实质是实现中华民族的伟大复兴，彰显出中国梦历史的厚度和张力。自近代以来，中国没有跟上世界工业化步伐，落后于西方世界，并饱受帝国主义的侵略和欺辱。近代以来170余年的中华民族发展史，见证了中华民族为实现伟大复兴而奋斗的发展历程。中国有识爱国之士为实现民族复兴、摆脱外国凌辱，或寻求变革，或师夷长技以制夷，或暴力革命等，都未取得成功，但都为推动中国不断向前发展提供了巨大动力。新中国成立后，在共产党的领导下，中国推翻了三座大山，实现了人人平等，中国自此走向社会主义的康庄大道。但美好生活的创造不是一蹴而就的，需要几代人付出艰辛的劳动，孜孜耕耘，锲而不舍。近30年来，中国取得的成就，举世瞩目，全体中国人民希望实现民族复兴的诉求愈发迫切。自1840年鸦片战争至今，没有比现在距离中华民族复兴更近的历史节点。因此，我们应该凝聚全体中国人民的力量，奋发有为，积极向前，争取早日实现中华民族的伟大复兴。

个人是组成社会和国家的细胞，无数"个人梦"汇聚成"中国梦"。无论是国家富强还是民族复兴，一个主要衡量标准是让广大人民群众过上病有所医、学有所教、老有所养、居有房舍的小康生活。由富足的人民群众组成的社会和国家，必定是繁荣富强的国家，必定是生机勃勃的民族。因此，中国梦是每个人的梦，归根到底要惠及亿万中国人民，努力使全体中国人民过上富足的小康生活，这也符合中国共产党全心全意为人民服务的宗旨。但这个梦与美国的个人奋斗梦不同，中国的个人梦与国家梦、民族梦紧密联系在一起，三位一体。它既激发个人的聪明才智，同时又不脱离集体，而是发挥集体的团队优势。它不是口号式的宣教，而是用实际行动建构一个让个人发展良好、不埋没个人才华的环境，建设一个具有公平正义的政府和社会。

个人可以各显其能，各得其所，和谐相处，人生出彩。

此外，中国梦不是固步自封的梦，不是画地为牢的梦，而是具有宽泛国际视野，具有海纳百川的胸襟，与世界梦息息相关。中国梦的主要特征是在国内追求共同富裕，在国际上伸张公平正义。中国自古以来就主张和而不同，主张在多元文明世界中寻求互通、互补，以求实现世界和谐。因此，中国梦不仅是中国人民的梦，同时还是造福世界人民的梦。中国发展是世界之福，非世界之祸，会为世界的和平、稳定、繁荣做出贡献。充满生机活力的中国梦同当年的美国梦、欧洲梦一样，将在国际社会释发出巨大的冲击力和吸引力。但中国梦不是追求强大、主宰世界的霸权梦，而是希望与世界各国和平相处的和平共赢之梦，是与世界各国人民一道，为世界和平稳定做出贡献的和平发展之梦。

中国梦从提出到全面阐述经历了一个过程，而这个过程使中国梦从模糊到清晰、从骨感到肉感、从抽象到具体。国家富强、民族振兴、人民幸福的统一，不是谋求恢复古代中国鼎盛时期版图和世界霸权，也不是单纯的强国梦、强军梦，它是一个全方位融汇全体中国人民美好理想的集合。

三　中国梦的实现路径

中国梦既是中国现在和未来发展的美好理想，同时又是通过努力可以实现的思想指引，蕴含了理论和实践的统一。实现中国梦有三条路径：走中国道路，弘扬中国精神，凝聚中国力量。

走中国道路是实现中国梦的康庄大道。什么是中国道路？就是有中国特色的社会主义道路，"它是在改革开放30多年的伟大实践中走出来的，是在中华人民共和国成立60多年的持续探索中走出来的，是在对近代以来170多年中华民族发展历程的深刻总结中走出来的，是在对中华民族5000多年悠久文明的传承中走出来的，具有深厚的历史渊源和广泛的现实基础"。坚持社会主义道路，中国取得了巨大的成就。经济快速发展，尤其是改革开放以来，经济增长速度远高于世界其他国家，GDP 从 1978 年的 3624.1 亿元人民币增至 2015 年 67.67 万亿元人民币，持续上演"中国奇迹"。随着经济的发展，中国国际地位不断上升，对世界的贡献不断增大，与世界各国建立了良好的国际关系，大国地位逐渐被世界认可。

中国道路是适合中国国情的道路，可造福于中国人民。但这条道路并非僵化死板、一成不变，而是不断与时俱进，开拓创新。因此，只有选择并走上正确的中国道路，中国梦才具备了实现的可能。只有全中国人民树立强大的道路自信，中国奔向未来的大道才能越来越宽，越来越光明。偏离方向，甚至误入歧途，中国的前途将暗淡无光，实现中国梦更是无从谈起。道路是旗帜，旗帜是方向，方向错了，必然导致失败。

弘扬中国精神是实现中国梦的价值支撑。精神是引导实践的方向标，是实现目标的动力来源。中国精神经过数千年的历史积淀而成，源自数千年的中华文明传统，具有很强的民族凝聚效应。[①] 当下，中国精神是"以爱国主义为核心的民族精神，以改革创新为核心的时代精神"。爱国主义是一个国家兴旺、昌盛、强大的灵魂，难以想象对爱国置若罔闻的民族如何立足于世界。爱国主义无论在哪个国家，都可以凝聚起全体人民的精神力量。中国是有浓厚爱国主义传统的国家，历史上涌现出无数仁人义士保家卫国，这是中国不断前行的宝贵精神财富，是把中华民族团结在一起的"黏合剂"。

改革是一个国家、民族保持活力和生命力的灵丹妙药，创新是一个国家、民族向前发展的不竭动力。一个国家保持改革创新的民族性格特征，意味着这个国家将不会裹足不前，而是源源不断地创造灵感，与时俱进，实现一个又一个突破。实现中国梦，体制机制的变革和创新极为重要，仅有满腔热血，缺乏制度上的引导，只能是蛮干。体制机制陈旧不前，无法与时代相对接，对于实现中国梦于事无补。没有体制机制领域的革故鼎新，没有民主法治的进一步健全，没有公

---

① 参见宗寒《实现中国梦必须弘扬中国精神》，载《人民日报》，2014 年 8 月 27 日。

平正义的保证，没有对腐败的遏制和涤荡，中国梦不可能实现。中国梦作为全中国 13 亿人口的共同梦想，没有爱国主义的感召聚凝，没有体制机制上的改革创新，是不可能实现的。因此，中国精神是抽象但非虚无缥缈的动力之源，可以在实现中国梦的征途上发挥实实在在的作用，在精神层面为中国梦保驾护航。

凝聚中国力量是实现中国梦的强大保障。理想的实现必须有强大厚实的物质力量和人心所向作为保障，否则无论理想多么高大深远，都是空中楼阁、海市蜃楼。中国梦是国家的梦、民族的梦，也是每个中国人的梦。中国梦作为全国人民向往的宏大远景，其实现自然少不了强大的中国力量作为后盾。中国梦的实现需要亿万中国人民的鼎力支持，全国各族人民必须大团结，用力合一，这样在众人的烘托下，中国梦才能得以实现。只要全体中国人民精诚所至，万众一心，实现梦想的力量就无比强大。全国各族人民一定要牢记使命，心往一处想，劲往一处使，用 13 亿人的智慧和力量汇集起不可战胜的磅礴力量。在这样强大的中国力量的推动下，中国梦的实现指日可待。

需要指出的是，中国力量不是 13 亿中国人民力量的简单叠加，也不是自发性的集体生成，更不是漫无目的的盲目作为。"中国力量本质上是一种合力，是全体中国人民团结力、向心力、凝聚力的一种体现和外化"。从另外的角度看，中国力量又可分解为经济力量、政治力量、文化力量、军事力量、制度力量等，这些力量的强大是实现中国梦的重要保障。中国梦的实现需要将这些力量激发出来，并且将这些糅合在一起，相互适应，相互促进，进而产生化学反应，创造没有短板的强大中国。

第二节　中国梦提出的历史和现实必然性

中国梦是历史理性下内生规律的必然产物，也是中国特色社会主义发展的理性沉淀。中国梦非无源之水，无土之木，它具有深刻的历史背景和现实诉求。

一 中国梦的提出是对中国近代历史的呼应

中国是诗的国度,梦是古人作诗的重要素材。古代《诗经》的小康梦、孔子的大同梦、孟子的王道梦,都赋予梦治国理政、施展才华的内涵。梦既有浪漫主义的情感,又有真实的内容。到了近代,由于特殊的时代背景,梦又被赋予兴国安邦的情愫。从洪秀全带有原始宗教布道的天国梦,清朝以李鸿章为代表的实业救国梦,再到清末主张暴力革命的共和梦,孙中山奔走相告、身体力行的振兴中华梦,其内涵都是伟大的中国人民实现富强、摆脱侵略的美好愿望。遗憾的是,这些梦想均无法超越当时历史的局限,无法探索到真正实现民族伟大复兴的正确道路。

20 世纪中国最伟大的三位政治家分别是孙中山、毛泽东和邓小平,他们在各自不同的历史条件下,探索中国实现现代化的路程。孙中山面对一贫如洗的中国,提出三民主义以救中国,第一个提出"振兴中华"的政治理想。毛泽东将马克思主义与中国实际相结合,使得中国人民站起来。邓小平审时度势,根据当时国内外的环境,大胆创新,走出了一条崭新的社会主义道路。现在我们再次提出中国梦,既合乎中华民族深厚历史文化逻辑的发展,显示出中国历史的一脉相承,也是对中华民族历史遭受过的深重苦难记忆的铭记,更体现出中国人民对美好生活的向往。

中国梦承接了历史,也开启新的新时代。当前,中华民族迎来了又一个辉煌时期。在这个历史节点上,中国无外患之忧,国际地位上升;国内稳定,经济腾飞。这正是近代以来,无数仁人志士所追求的梦想。因此,中国梦具有承上启下、继往开来的作用。中国梦承载的是 170 余年来中华民族摆脱屈辱、实现民族独立的历史任务,这实际上是一个圆梦,圆了中华民族的独立梦、富裕梦。启的是在新的历史条件下,伟大的中华民族将再接再厉,积极进取,在实现国家繁荣富强、民族振兴、人民幸福的目标上开启新的征程。

二　中国梦是新时代条件下的现实需求

中国梦不是黄粱美梦，也不是白日做梦，而是深深植根于现实土壤中。当前，中国正处于经济和社会双重转型期，各种新生事物大量出现，思想处于躁动状态。加之信息时代拓宽了民众获取信息的渠道，信息传播速度快。网络信息鱼龙混杂，对社会舆论的引导具有较大影响，各种思想相互激荡，不同的价值取向同时存在，主流思想受到巨大冲击。思想的复杂多样，不利于思想统一，不利于力量凝聚。

中国正在进行深层次的全方位改革，并且这场改革已经进入"深水区"，深刻的变革势必会进一步动摇已经固化的社会利益格局。在这场攻坚克难的改革风暴中，要打破思想观念的障碍和利益固化的藩篱，没有强大的精神力量作为支撑，改革将难以为继。面对改革的艰难历程，没有坚定的理想信念和强大的精神支柱，不可能完成繁重的社会转型和改革攻坚的任务。中国梦可以在思想上给予深化全面改革指导，以最大限度地减少改革阻力，赋予改革强大的精神动力。①

在这种情况下，只有把握社会成员在价值观念上的共识，在具体的思想差异和利益分化基础上形成广泛的社会共识，才能有效避免思想多样化背景下的对立和混乱，从而汇聚真正推动社会发展的正能量。中国需要统一思想，凝聚力量，真正做到全国一盘棋，统筹发展。中国梦的提出，无疑将为解决当前的社会现实问题助力。中国梦是新时代中国发展的旗帜，它是在总结中国存在的现实问题上的凝炼和总结，是对时下存在的沉疴旧疾的对症下药。中国梦的提出，有利于重塑社会认同，将个人的价值观、人生观、社会观重新引入健康向上的方向。

三　中国梦是中国向世界提供的公共产品理念

当前，中国正处于历史发展的重要阶段，经济发展突飞猛进，国

---

① 参见柴尚金《中国梦与中国精神》，载《红旗文稿》，2013 年第 10 期，第 11 页。

际地位不断提高，大国地位得到认可。目前很难将中国定位为世界强国，而是正在崛起来的似强未强的新兴国家。如同随着 30 余年改革开放正经历社会转型一样，中国在国际上的地位亦处于转型过渡期。在这个历史节点上，以美国为代表的西方国家作为守成的霸权国家，不会轻易允许中国实现超越，更不会允许中国以全世界最大的社会主义国家的身份实现跨越，成为世界第一。况且，在西方的惯性政治思维中，后起国家总是以战争的方式实现超越，因此西方国家处处对中国防范遏制。中小国家对中国崛起心态复杂，既有搭便车的心理，希望中国担负起大国的责任，同时又对中国不断增强的国力心存恐惧，担心实力攀升的中国对外实行扩张主义。在此背景下，中国需要有一种权威的声音，打消对中国崛起的疑虑，涤除对中国崛起的误解。中国梦便是这种声音，中国的发展对世界不是祸而是福，中国发展为世界繁荣做出有益贡献。中国强大不会成为世界和平稳定的破坏者，而是世界和平稳定的创建者、维护者和塑造者。

在全球化的大背景下，随着中国的发展，成为全球性的强国是中国战略的目标。这点毋庸置疑，也不必避讳不谈，这是每个国家发展的梦想。不同的是，中国要做提倡和平共赢的强国，而不是做行强权霸权的强国。欲成强国，仅发展经济不够，在物质力量强大的同时，还应在观念上强大，这种价值观念并不一定为世界所践行，但需让世界理解和认同。这也是中国在崛起的征程上应该考虑的问题。而中国梦立足中国，面向世界。对内倡导国家富强、民族振兴、人民幸福，对外倡导和平、发展、合作、共赢，最大限度地提取了各国可接受和理解的最大公约数。①

中国梦是提供价值观的国际公共产品。当今世界，以美国为代表的西方国家垄断了对所谓“普世价值”的话语权，形成了西方语境下的话语霸权，并且将所谓“普世价值”作为与其他国家发展关系的重要标准，价值观外交大行其道。但这些所谓的普世价值具有极其浓烈

---

① 黄力之：《中国梦：世界和平发展新机遇》，载《光明日报》，2013 年 7 月 24 日。

的意识形态色彩，甚至以西方价值观作为干涉主义的旗号。由于各个国家发展阶段、经济发展程度、文化传统、宗教信仰等方面存在不同，西方以其价值观作为评判其他国家的标准有违发展规律，这对于发展中国家是不公平的，同时也是不合理的。对于发展中国家来说，它们需要适合本国国情的价值观话语体系，以作为国家发展道路的指导参考。它们与中国有着相似的历史经历，从中国的角度阐述以中国梦为载体的中国价值观，可为这些国家提供必要的参考，但这是在自愿平等条件下的交流。

四　中国梦是对当今时代信仰缺失的弥补

目前，中国经济取得了巨大成就，但不能否认的是，一定程度上，中国社会存在三大缺失，即信仰缺失、诚信缺失和公信力缺失。尽管我们有马克思主义的指导思想，然而不容忽视的是，马克思主义有被稀释的危险。不少民众有信仰缺位的危险，甚至将金钱看作信仰，作为行为做事的准绳。如果任其发展，广大人民群众将会丧失精神信仰，失去现代化建设的精神动力。甚至一些党内的领导干部，出现政治信仰危机，出现不信马列信鬼神的荒唐现象，个人主义、拜金主义成为一些党员干部内心深处的指导思想。更为危险的是，如果没有积极健康的信仰占领制高点，其他的邪恶信仰将会有机可乘，一些极端思想将会渗透人民群众脑海。信仰危机的出现，与一部分人缺乏梦想、缺乏超于物质的追求、缺乏宏大精神追求具有密切关系。在国家追求经济快速增长的同时，许多民众受之影响，一心向"钱"看。但真正的理想和梦想不是单纯以金钱作为衡量标准，最有价值的东西未必可以通过金钱加以衡量。

中国梦是在纷繁复杂的观念世界中，在多元价值中寻求最大的共识。中国梦不是偏离马克思主义的共产主义信仰，而是以非意识形态化的形式宣扬社会主义，宣扬共产党的领导，使得这些更易为广大人民群众所接受和理解。一定程度而言，与广大人民群众喜闻乐见的方式结合，以促成信仰的回归，这是对中国政治话语体系的创新。

当今社会利益和价值日趋多样化,继续以往对主流意识形态进行说教,难以取得良好效果。在多元化社会中,我们更需要凝聚认同,推进中国民众同心同力,寻求精神归属,将积极、向上、健康的精神基因注入全体中国人民中。[①] 在强大信仰的感召下,公民作为个体奋发向上,实现个人的梦想。所有人的梦想汇聚成河,公民作为社会的"细胞",每个人理想的实现,自然推动整个社会的进步。社会作为国家的"框架",社会进步必然增强国家实力,实现民族复兴。因此,只有不断对政治指导思想进行话语创新,处理好政治话语与大众话语的关系,在特定场合将政治话语转化为符合大众心理需要的日常生活话语,才能满足社会发展需要,符合民众的内心需求。

五 中国梦是对人民群众诉求的真切回应

自改革开放以来,尤其是进入新世纪以来,中国民众中出现了耐人寻味的现象,中国人民的满足感和幸福感与一日千里的国家经济发展不成正比。中国 GDP 总量已跃居世界第二,广大人民群众医疗、教育、卫生等条件有了很大的提升,但是民众对社会的不满依旧存在,社会弥漫着浮夸、浮躁的气氛。主要原因在于当前中国精神层面的需求满足不了快速发展的经济物质需求。此外,中国改革开放 30 年来取得的经济成就相当于过去西方国家 100 年所取得的成就,真正实现了跨越式发展。但现实情况是,中国以经济快速发展为表现形式的物质富足与精神层面的发展不同步,精神层面的发展远跟不上物质层面的发展,这样就形成了一个落差。民众在感受国家发展的同时,在精神上容易迷失。中国梦将党和国家的指导思想与个人奋斗的价值观、人生观、思想观相糅合,拉近了国家发展与个人奋斗的距离,将两者加以整合,这样就有效弥补了个人信念缺失,将精神层面的短板补齐。同时,中国梦不仅解决了语言对接、思想打通的问题,而且它

---

① 参见袁会敏、张艳新《多样利益格局下的"中国梦"共识》,载《当代政治》,2015 年 7 月号,第 20 页。

可以切实帮助和推动解决民众所关切的问题。因为中国梦不仅是鼓劲打气的精神力量，还可以推动和整合官方和民间力量，及时将民众的诉求转化为为民解忧的具体政策。

第三节　中国梦的理论和现实意义

站在历史的新起点上，中国梦可谓意义重大。从时间维度上看，它承接历史、拥抱现实、跨越未来，散发出极强的时代性、继承性和创新性。从内容上讲，中国梦完美地融合了国家梦、民族梦和人民梦，三者合一，以梦涵盖所有国家为之奋斗的鸿鹄之志，可谓四两拨千斤。中国梦既是国家层面的顶层设计，又以实现人民幸福为目标。既安大家，又顾小家。既高雅浪漫，又深接地气。

一　中国梦是推动国家实现社会主义现代化和中华民族伟大复兴的精神力量

实现社会主义现代化和中华民族伟大复兴，既是全体中国人民的主观意愿，同时也是世界历史发展过程中的客观规律。在这个承上启下的历史节点上，中国梦着眼于中国崛起背景下的历史定位、诉求和情怀。中国梦可起到统一思想、凝心聚力的作用。国家在不同的发展阶段有不同的历史任务，这就需要政党和政府善加引导，细化任务，凝聚力量，在实际生活中引起广大群众的共鸣，激发群众的昂扬斗志，提供精神动力，为全国人民实现伟大民族复兴进行再动员。

从这一层面讲，中国梦的精神力量大于物质力量，但中国梦创造的精神力量可以转化为人民奋斗向上的无尽动力，在勤奋的劳作下，中国梦最终以物质的形式体现。中国梦激发集体主义，肯定集体的力量，但不压抑个人才华，鼓励个人发展进步，最大限度地激发个人创造力，释放上进精神，对个人的力量和成就进行汇聚，从而升华为民族精神和国家品格，构成推动整个社会前进的驱动力。因此，中国梦不仅是国家、民族行动，还是个人行动，是国家、民族、个人的有机统一体，三者结合，凝合成推动实现社会主义现代化的正能量，进而实现中国民族的伟大复兴。反过来，中国梦在推动社会主义现代化成为现实的过程中，使得广大人民群众受益，改善人民群众的物质生活，丰富人民群众的精神生活，从而使中国崛起的基础更为牢固、扎实。

二　中国梦丰富了中国共产党的执政理念

自毛泽东以来，中国共产党的执政理念不断改进、不断创新。正是这一系列与时代特征相符合的指导思想，才有了中国现在的成就。中国梦是结合新时代特点提出的符合时下国情的指导思想，折射出以习近平同志为核心的党中央的价值理念，将中国共产党的执政目标、执政方略升华到新境界，实现了中国特色社会主义发展目标和党的执政目标的自然统一，而这些价值理念是有效指导国家发展所需要的。

首先，中国梦将个人目标纳入其中，这是对党的执政宗旨的深化和拓展，使党的执政理念呈现出更加丰富的内容。以往中国共产党的指导思想以国家和民族为载体，倡导集体主义。但中国梦不仅注重集体主义，并且强调个人的作用，强调个人在实现国家强大和民族复兴中的意义，这是对共产党执政理念的创新和延展，进一步升华了全心全意为人民服务的宗旨。但这种提倡个人与美国梦的个人主义有本质的区别，中国梦更强调个人和集体的相互融合、相互促进，并非将个人孤立。中国梦还深化了以人为本的执政理念，将人本主义关怀提升至治国理政的层面，充分体现对人、人权的尊重和重视。中国梦强调个人梦，中国梦的实现需要全体中国人民的共同努力，并惠及人民，最终实现集国家、民族和个人于一体的复合型梦想。

其次，中国梦是中国特色社会主义理论体系的新成果，创新了中国共产党执政话语体系，实现了与现在国内政治话语体系的对接。它打通了官方话语和民间话语之间的隔阂，缩小了国家利益、民族利益和个人利益的感官距离，使三者融合为利益共同体，从而使得理想信念对个人而言不再遥不可及，不再高不可攀。

第三，中国梦指明了"中国道路、中国精神和中·国力量"三大实现路径，明晰了中国共产党的执政遵循。中国梦丰富了中国共产党的执政方略，实现了国家、民族和个人前途命运的三位统一，实现了"共同享有人生出彩的机会，共同享有梦想成真的机会，共同享有同祖国和时代一起成长与进步的机会"三个共享，实现了"理论自信、道路自信和制度自信"的三个自信。同时，它切实高举科学发展观的大旗，转变国家发展理念，调整经济发展速度，提高经济发展的质量。

三　中国梦将开创政治语言大众化、通俗化、国际化的先河

信息社会不断前进，经济不断发展，社会利益和价值观日趋多元，这些新情况要求党和政府不断对主流意识形态进行话语创新，以满足社会发展需要，符合民众内心需求。这就需要处理好政治话语与大众话语的关系，在特定场合将政治话语转化为符合大众心理需要的日常生活话语，使民众真正掌握社会生活中的话语主动权。以往中国的政治语言讲究立意高远、高屋建瓴，这样显示出政治思想的严肃、权威，但同时也暴露出形式、刻板的缺陷。以往的一些政策指针过于生硬抽象，不易为广大民众所理解和接受。中国梦以通俗易懂的语言将高不可攀的理想信念大众化、通话化、文学化和生活化，把官方语言转化为大众语言，增强了广大民众对中国梦的认同。这种创新形式体现出时代前卫的人文精神和情怀。

从国际话语权角度看，中国梦及相关词汇开拓了中国在国际上的话语权，有利于中国抢占国际话语制高点。和平、发展、合作、共赢已成为当今国际社会的共识，中国梦将国际最大公约共识加以提炼，提出了一种更具通约性的国际话语沟通方式，且中国梦意识形态色彩不强，可有效实现中国国内话语体系和国际话语体系的对接和统一，充分体现出中国梦既是中国的，同时又是世界的，降低了外界对中国在意识形态方面的防范，容易在国内外引起强烈的共鸣和反应。[1] 它

---

[1]　参见胡宗山《论实现"中国梦"的国际机遇与挑战》，载《社会主义研究》，2013 年第 5 期，第 30 页。

促进中国向外宣传价值观,有利于中国树立良好的国际形象。中国梦的价值还在于,它不仅向世界贡献了中国的价值理念,并且体现出中国开始逐渐融入现代世界文明的大潮,以国内外受众均可接受的语言风格,阐释中华民族的理想和对未来幸福的向往。

综合来看,对内,中国梦满足了当今时代中国社会利益和价值观多元诉求,满足了社会发展的需要,既符合社会主义现代化建设的理论支撑,同时满足民众内心的需求,很好地处理了政治话语这一严肃话语体系与通俗易懂的大众话语间的鸿沟,在中国梦语境下将政治话语转化为符合大众心理需要的草根话语,正所谓"一梦解千求"。对外,中国梦清晰地向世界传递了"中国价值观",涤除了由于意识形态上的分歧而产生的麻烦。这样也就实现了国内政治话语与国外价值理念的"无缝对接"。中国梦的提出也表现出中国主动融入国际社会,融入代表人类先进方向的现代思潮,向国际社会提供不带有任何私货的公共理念。但需要指出的是,中国梦并不是去意识形态化,涤除意识形态无异于丧失立场,丧失了中国梦应有之义。中国梦是将宣教式意识形态语言进行创造性转换,创新话语载体。

四 中国梦丰富了世界多元化的价值体系

中国梦的宏观远景并非局限于国内,而是具有世界胸怀。中国梦并非与别国无关,而是不仅要造福本国人民,并且要福祉于世界人民。这种意义并不是盲目的自夸和自大,而是随着中国梦目标的逐渐实现,中国在国际上的影响力逐渐增强,中国的强大与发展必定惠及世界人民。因此,中国的发展是世界之福,而非世界之祸。中国梦是中国向世界提供的"公共产品",是向世界奉献的新型智力支持。中国梦不是狭隘的国家梦、民族梦,而是范畴更为宽泛、更为包容的世界梦。一些国家不理解甚至误解中国梦,认为中国梦是扩张梦、霸权梦,是恢复昔日朝贡体系的天下梦。这些都是对中国梦的误读。中国崛起的梦想必然是心怀天下、面向世界的,它是造福世界人民的发展梦、共赢梦、和平梦。

　　中国梦的问世还冲击西方世界对"普世价值"话语权的垄断。中国梦丰富了对人权的解读，打破了西方对人权的话语权。中国梦向全世界展示了中国发展模式与道路选择，丰富了大国崛起的内涵，现代化、全球化从此打上了中国的鲜明印记。中国梦丰富了国际关系内涵，国际体系、国际规范从此打上了中国的鲜明印记。

　　中国梦的价值还在于为世界发展提供"源于中国而属于世界"的器物、制度与精神公共产品。① 从鼓励其他国家走符合自身国情的发展道路，到推动实现国际社会的和平、发展、合作、共赢，中国发展为国际社会注入了新的价值追求，中国梦是中国与外部世界新的情感纽带，必能引起国际社会的广泛共鸣。中国梦是中国软实力的重要表现形式，也是中国软实力的重要载体。因为中国梦不是狭隘的家国梦，中国梦心怀世界，心怀世界人民，极力将自身发展惠及世界人民，秉承共同发展、共赢发展的和谐理念。随着国际地位不断上升，中国的国际责任不断增大，国际社会对中国期许不断增加，中国梦是中国对世界和平发展贡献的公共产品，丰富了世界价值理念。

　　同时，作为世界上最大的发展中国家、社会主义国家以及新兴国家的代表，中国所提出的中国梦可以产生很强的示范效应。中国梦的世界意蕴必将增强其他发展中国家的发展动力，必将鼓舞其他新兴国家群体性崛起的势头，必将坚定其他社会主义国家不断向前的意志。此外，中国梦与发达国家的理念并非格格不入，中国梦亦提倡自由民主，提倡国际关系民主化。这与发达国家理念之间有重叠，彼此可以实现互学共鉴，和谐共存。因此，中国梦打通了国家间由于经济发展程度、社会制度、意识形态和国家利益之间形成的隔阂，实现了世界各国话语理念的最大通约。

---

① 参见周文化《海外学者眼中的"中国梦"》，载《中国政法大学学报》，2013 年第 5 期，第 90 页。

第二章 中国梦的理论品质

习近平总书记在首次阐述中国梦时说，"我以为，实现中华民族伟大复兴，就是中华民族近代以来最伟大的梦想。这个梦想，凝聚了几代中国人的夙愿，体现了中华民族和中国人民的整体利益，是每个中华儿女的共同期盼"。他在当选国家主席后发表的讲话中更全面深入地阐述了中国梦。他说，"实现全面建成小康社会，建成富强民主文明和谐的社会主义现代化国家的奋斗目标，实现中华民族伟大复兴的中国梦，就是要实现国家富强、民族振兴、人民幸福，这既深深体现了今天中国人的理想，也深深反映了我们先人们不懈奋斗追求进步的光荣传统"。这是他对中国梦最为集中的两次阐述。如果说实现中华民族伟大复兴是对中国梦的高度概括，那么国家富强、民族振兴、人民幸福就是对中国梦内涵的具体阐述。至此，中国梦的基本内涵和奋斗目标已经非常清晰明确。当然，要更深入认识中国梦，还需从历史纵深、制度诉求、发展理念、价值取向等维度把握其重要理论品质。

第一节 中国梦的历史纵深

中国梦在国家层面被明确提出是最近的事情，但其构成要素却绵延已久。借梦言志、以梦寄托自己的政治主张和理想信念是中国古人的惯用笔法。近代以来，救亡图存、振兴中华更是成为几代中国人孜孜以求、不懈奋斗的目标指引。

一　中国古人常借梦寄托信念和理想

借物言志是中国古代文人的常用笔法。以梦的方式表达理念、抒发感情、寄托期望在中国古代的理论经典和诗词歌赋中经常出现。虽然不同历史阶段的人所表达的情感、理念和期冀不尽相同，但这种浪漫主义的表达方式凝聚了一些共通性的精神元素，这些共通性的元素就构成了中国历史传承至今的主流价值理念。总体而言，天下一统、国泰民安、繁荣昌盛、精忠报国等是历朝历代中国人所向往的理想愿景和自觉遵循。

2000 多年前，孔子在其晚年时曾向弟子诉说："久矣！吾不复梦见周公。"意思是说好久没在梦里见到周公了。孔子一生倡导克己复礼、实施仁政，这句话集中反映了他晚年的孤寂、落寞之感。孔子实际是在悲叹，自己毕生为之努力的克己复礼依然遥遥无期，其悲天悯人、关怀苍生的境界可谓跃然纸上。

唐朝诗人杜甫在流离夔州期间曾作诗《昼梦》："二月饶睡昏昏然，不独夜短昼分眠。桃花气暖眼自醉，春渚日落梦相牵。故乡门巷荆棘底，中原君臣豺虎边。安得务农息战斗，普天无吏横索钱。"在诗人的描述中，醉人的初春和荒寂的故园形成鲜明对比，浓厚的忧国思乡之情表达得淋漓尽致，对消除横征暴敛、老百姓安居乐业的向往更是体现了诗人的政治关怀。

南宋德祐年间，诗人郑思肖的《德祐二年岁旦二首》中有一首写道："力不胜于胆，逢人双泪垂。一心中国梦，万古下泉诗。日近望犹见，天高问岂知。朝朝向南拜，愿睹汉旌旗。"这可能是中国古诗词中最早用"中国梦"这一词语的了。毫无疑问，这是一个巧合，诗人所指中国梦与今天我们所说的中国梦不是一个指向。不过，诗人渴望天下一统、太平盛世的心情与今天的中国梦却有相通之处。

同样是在南宋年间，爱国诗人陆游一生追求光复汉唐疆域，其《十一月四日风雨大作》云："僵卧孤村不自哀，尚思为国戍轮台。夜阑卧听风吹雨，铁马冰河入梦来。"诗人深沉悲壮的爱国热情跃然纸上。其《示儿》云："死去元知万事空，但悲不见九州同。王师北定中原日，家祭无忘告乃翁。"诗人悲慨强烈的爱国情感可谓感人至深。豪放派词人辛弃疾广为人知的《破阵子·为陈同甫赋壮词以寄》云："醉里挑灯看剑，梦回吹角联营。八百里分麾下炙，五十弦翻塞外声，沙场秋点兵。马作的卢飞快，弓如霹雳弦惊。了却君王天下事，赢得生前身后名，可怜白发生。"作者终生胸怀抗敌救国理想，却壮志难酬，其忘我的悲愤，让人不禁动容。

绵延不绝的历史传承，秦、汉、唐、元、明、清的太平盛世，世界领先的技艺水平，繁荣的经济文化交流，对世界文明史的巨大贡献，是今天中国人对中国历史的总体印象。5000多年的历史传承、丰富多样的文化资源、几番出现的辉煌盛世是中国人引以为豪的历史文化遗产，也是今日中国梦的方位参照。继承和发扬前人的优秀品质和有益经验已经成为中国人的一种生活习惯。

二　中国梦萌芽于近代中国的屈辱与蹉跎

1840年鸦片战争将中国人从"天朝上国"的美梦中惊醒，中国人开始经历从"天朝上国"到"东亚病夫"的心理落差。一些有识之士开始认识到，天朝之外还有更强大的文明和政权，四夷来朝、唯我独尊的观念开始松动，向西方学习的意识开始增强。

林则徐、魏源等晚清开明知识分子着手编译国外图书，介绍西方国情和列强侵略扩张的局势。魏源在上百卷的《海国图志》中广泛介绍西方知识，并阐述"师夷长技以制夷"的思想，倡导学习西方先进军事技术来抵御、应对西方，激发民众寻求富强的意识和心气儿。在此基础上，以曾国藩、李鸿章、左宗棠、张之洞等人为代表的洋务派倡导"师夷长技以自强"，开始了中国第一波现代化运动。洋务运动期间，中国历史上第一条铁路、第一个煤矿、第一个纺织厂、第一支近代海军等纷纷出现，中国向西方学习的努力甚至渗透到教育模式、经济管理、科学技术等层面，迈出了中国走向现代化的第一步。但是，洋务派坚持"中体西用"，坚守封建皇权的底线，导致封建统治制度与工商业发展之间的矛盾愈发明显，洋务运动最终也唯有失败。

北洋舰队在甲午中日战争中的全军覆没标志着洋务运动的"破产"。政治制度的变革作为一个重大历史课题摆在了晚清有识之士面前。为阻止接受《马关条约》，以康有为、梁启超等"读书人"为代表的维新派上书光绪帝，建议下诏鼓天下之气、迁都定天下之本、练兵强天下之势、变法成天下之治。维新派认为，只靠器物上的革新是不够的，必须进行制度上的革新，洋务运动破产的原因在于其"治标不治本"，无法"伸民权"。他们主张朝廷裁减机构、削减人员，实施"君主立宪制"。但是，弱势的光绪皇帝和维新派人士难以撼动利益固化的清廷官僚体系，"跪求改良"的做法同样不可避免地走向失败。

戊戌变法失败后，探索民族自强的努力并没有停息。1900年，梁启超完成传世之作《少年中国说》，其中有云："夫古昔之中国者，虽有国之名，而未成国之形也。或为家族之国，或为酋长之国，或为诸侯封建之国，或为一王专制之国。虽种类不一，要之，其于国家之体质也，有其一部而缺其一部。正如婴儿自胚胎以迄成童，其身体之一二官支，先行长成，此外则全体虽粗具，然未能得其用也。故唐虞以前为胚胎时代，殷周之际为乳哺时代，由孔子而来至于今为童子时代。逐渐发达，而今乃始将入成童以上少年之界焉。"又有云："朝也者，一家之私产也。国也者，人民之公产也"。从字里行间可以感受到作者对世界的深刻洞见，更为可贵的是，这些认知也引领着普通民众的认知。"天朝上国""天下一统""天下无外"的观念开始弱化，"公众之国""民族国家"的意象开始凸显。作者以此为据，对未来充满着期待："然则，吾中国者，前此尚未出现于世界，而今乃始萌芽云尔。天地大矣，前途辽矣。美哉我少年中国乎！"这或许也可看成作者在那个时代所展望的"中国梦"吧。

此后清廷逐渐丧失掌控局势、引领时代的能力。虽然清廷也曾派出大臣考察立宪，也曾尝试推行"新政"，但始终无法摆脱皇族这一最大"利益集团"的藩篱，也无法摆脱自身思想观念的束缚，最终导致内部"离心离德"，外部列强蚕食，一步步走向覆灭。

1911 年的辛亥革命终结了在中国延续 2000 年的帝制，中国似乎看到了光明的前景，但随之而来的"洪宪复辟"、军阀割据又使这一期望迅速破灭，中国再次陷入低谷。

三　中国梦形成于中国革命、建设和改革历程

20 世纪 10 年代中后期的新文化运动给中国知识分子提供了思想遴选的契机。在百家争鸣中，共识渐趋明朗。五四运动和中国共产党的建立使马克思主义在中国有了具体践行的组织。在马克思主义的指导下，中国共产党领导人民推翻了帝国主义、封建主义和官僚资本主义三座大山的压迫，取得新民主主义革命的胜利，建立了新中国，结束了中华民族长达一个多世纪被侵略、被奴役的屈辱命运。

革命胜利后，中国共产党面临从革命党向执政党的转变，如何"进京赶考"，如何才能避免成为"李自成"，是需要中国共产党认真解决的问题，这一解决过程依然非常不容易。新中国成立之初，中国共产党通过对农业、手工业和资本主义工商业的社会主义改造，确立了社会主义基本制度，巩固了革命成果，为社会主义建设事业奠定了基础。不过，中国共产党对发展道路的探索依然充满艰辛。在新中国成立后的最初 30 年里，中国共产党既确立了社会主义基本制度，取得了重大的社会主义建设成就，也犯下了"大跃进""文化大革命"等严重错误；既积累了正确处理社会主义建设若干重大关系、正确处理人民内部矛盾的许多宝贵经验，也遭遇了"以阶级斗争为纲"等重大理论失误。

1978 年 12 月的中共十一届三中全会引领中国进入了一个新的历史时期。工作重心的转移、"四个现代化"目标的重提、"小康"目标的设定、经济特区的设立、市场经济体制的确立，带来了经济社会的快速发展，带来了人民生活水平的不断提高，带来了综合国力的稳步快速提升。中国共产党带领中国人民终于找到了一条中国式的发展道路，中国人称之为"中国特色社会主义道路"。

在这些发展成就的基础上，中国人寻求民族复兴的愿望更加强烈，离实现目标也更近。民族自尊心、自豪感更为强烈，文化自觉、自信更为明晰，中国梦情愫从自发走向自觉，并呼之欲出。因此，中国梦从国家层面一经提出，便引发民众的积极响应。关于什么是中国梦、如何实现中国梦的探讨遍布大江南北、大街小巷……

四　中国梦体现连续而非割裂的历史观

一个国家的历史是这个国家安身立命的基础，如何认识自身历史，是一个国家是否足够成熟的重要标志。2013 年 1 月 5 日，习近平总书记在新进中央委员会的委员、候补委员学习贯彻十八大精神研讨班开班式上强调，"我们党领导人民进行社会主义建设，有改革开放前和改革开放后两个历史时期，这是两个相互联系又有重大区别的时期，但本质上都是我们党领导人民进行社会主义建设的实践探索。中国特色社会主义是在改革开放历史新时期开创的，也是在新中国已经建立起社会主义基本制度、并进行了 20 多年建设的基础上开创的。虽然这两个历史时期在进行社会主义建设的思想指导、方针政策、实际工作上有很大差别，但两者绝不是彼此割裂的，更不是根本对立的。不能用改革开放后的历史时期否定改革开放前的历史时期，也不能用改革开放前的历史时期否定改革开放后的历史时期"。他在纪念毛泽东同志诞辰 120 周年座谈会上又强调，"历史就是历史，历史不能任意选择，一个民族的历史是一个民族安身立命的基础。不论发生过什么波折和曲折，不论出现过什么苦难和困难，中华民族 5000 多年的文明史，中国人民近代以来 170 多年的斗争史，中国共产党 90 多年的奋斗史，中华人民共和国 60 多年的发展史，都是人民书写的历史。历史总是向前发展的，我们总结和吸取历史教训，目的是以史为鉴、更好前进"。

中国梦植根历史，立足现实，面向未来，蕴含着中国如何认识自己的过去、如何定位当下的处境、如何开辟未来的前景等一系列深刻内涵，具有很强的历史纵深感。从词义上讲，"中国"是一个空间和群体的概念，"梦"是一个指向未来的概念，因此，"中国梦"具有超越意识形态和跨越时空的特征。这一特征使得"中国梦"可以很好地概括中华民族共同经历的非凡奋斗、共同创造的美好家园、共同培育的民族精神、共同坚守的理想信念，蕴含着一种连续而非割裂的历史观立场。中国梦是在尊重和继承历史的基础上，对全国人民理想信念和对美好生活向往的归纳和概括。在连续而非割裂的历史观支撑下，中国人能够更客观理性地认识自身，能够更准确地找到自己的历史方位，能够更贴切地设定奋斗目标和理想信念。

第二节　中国梦的制度诉求

一　中国梦强调立足国情走自己的路

一个国家政治制度和发展模式的形成，是由其历史传承、文化传统、现实国情等因素共同决定的，同时也是本国人民自主选择的结果。中国共产党人在革命、建设、改革各个历史时期，坚持从中国国情出发，积极探索符合中国实际的发展道路。这种独立自主的精神，这种坚持走自己的路的决心，这种坚持自我的定力，是中国共产党人能够不断从挫折中觉醒，不断开创新局面、创造新奇迹的真正原因。

在革命时期，中国共产党人不是从马克思主义经典著作中寻找现成答案，而是将马克思主义基本原理同中国实际相结合，探索出一条农村包围城市、最后夺取全国胜利的正确道路，最终取得了中国革命的胜利。新中国成立后，中国共产党人又非常及时地提出了过渡时期的总路线，完成从新民主主义到社会主义的转变。在经历了短暂的照搬苏联模式之后，中国共产党人又自觉以苏联经验教训为鉴，独立探索符合中国国情的发展道路。遗憾的是，后来中国共产党人在指导思想上出现了偏差，犯了一个全局性、长时间的错误——"文化大革命"，导致其对发展道路的探索遭受重大挫折。

十一届三中全会开启了改革开放的征程。1982 年，邓小平在中共十二大上号召，"走自己的道路，建设有中国特色的社会主义"。从此以后，中国特色社会主义道路成为中国共产党所有工作的核心词，引领着各方面的工作和探索。这条道路是中国共产党人带领中国人民通过不懈探索和艰苦奋斗才最终找到的，不是对马克思主义经典理论的机械套用，也不是对别国发展道路的照搬照抄，而是在理论与实践结合过程通过独立自主的创造而形成的。正因如此，这条道路既能体现社会主义的共性，又带有鲜明的中国特征。

中国道路的理论来源有三：一是5000年的历史积淀和文化传统，二是近现代以来的持续探索，三是当今中国的现实国情。中国道路形成的过程，既是科学理论与中国实际相结合的过程，也是在实践基础上继续发展科学理论的过程。因此，马克思主义中国化的过程，不仅是理论与实践相结合的过程，也是马克思主义理论再塑和升华的过程。正是在马克思主义中国化的过程中，马克思主义学说也得以实现了两次具有里程碑意义的飞跃。

第一次飞跃形成了毛泽东思想，第二次飞跃形成了中国特色社会主义理论体系。与此同时，中国特色社会主义制度也逐渐形成了。中国特色社会主义道路、中国特色社会主义理论体系和中国特色社会主义制度，是中国共产党领导全国各族人民总结历史经验、不断艰辛探索才最终找到和逐渐发展成熟的，是长期发展、渐进改进、内生演化的结果，体现的是继承与创新、主体性与开放性的有机结合。

中国共产党在领导全国人民不断发展完善中国特色社会主义道路的同时，逐渐形成了对自身道路、理论和制度的自信。这种自信，来源于近现代中国人民所付出的艰辛探索，来源于对各种社会制度的审慎比较，来源于中国经济社会发展取得的巨大成就，来源于中国共产党和中国人民对未来发展大趋势的把握。制度自信的形成，使得中国人民在制度选择和制度发展上更有主见，更有定力，更有见地。中国人民不再病急乱投医，不再邯郸学步，不再亦步亦趋，而是有了更强的判断能力和甄别能力。

二　中国梦寻求理论和制度的不断发展完善

实践发展永无止境，理论创新永无止境，随着中国特色社会主义建设事业的继续开展，中国共产党人会进一步加深对中国特色社会主义的规律性认识，中国改革发展进程中的成功经验会继续被提炼上升为理论，中国特色社会主义理论体系必然会随着中国特色社会主义事业的发展而不断注入新内涵。

中国特色社会主义制度至今只有几十年的时间，尚存在不完善的问题，也存在一些漏洞和缺失，需要不断发展完善。党的十八届三中全会通过的《中共中央关于全面深化改革若干重大问题的决定》为全面深化改革设定的总目标就是完善和发展中国特色社会主义制度，推进国家治理体系和治理能力现代化。这个目标具体体现在经济、政治、文化、社会、生态文明建设等各个领域、各个方面。

实际上，中国特色社会主义制度的形成，正是一个不断发展完善的过程。中国共产党在革命时期建立的工农兵代表大会制度，抗日战争时期在抗日民主政权中实行的共产党员、左派进步分子、中间和其他分子各占1/3的"三三制"，都是对符合中国国情的政治制度进行的初步探索。新中国成立之后，中国确立了人民民主专政的国家政权，建立了人民代表大会制度、中国共产党领导的多党合作和政治协商制度、民族区域自治制度，建立了以公有制为基础的社会主义经济制度，以及与这些制度相适应的政治体制、经济体制、文化体制等，为中国特色社会主义的形成奠定了制度基础。

改革开放以来，中国特色社会主义制度继续发展完善。党的十八大报告对这一制度进行了概括：中国特色社会主义制度，就是人民代表大会的根本政治制度，中国共产党领导的多党合作与政治协商制度、民族区域自治制度以及基层群众自治制度等基本政治制度，中国特色社会主义法律体系，公有制为主体、多种所有制经济共同发展的基本经济制度，以及建立在这些制度基础上的经济体制、政治体制、文化体制、社会体制等各项具体制度。

　　中国人对自身道路、理论、制度的自信不是自满，不是自负，不是固步自封，也不是保守僵化。中国对自身道路、理论、制度的自信，强调的是保持制度定力，提高独立思考的能力。这一自信只会让中国更为开放包容和兼收并蓄，而绝非封闭排外和保守僵化。"山锐则不高，水狭则不深"，中国将继续从历史中汲取经验，始终保持锐意进取的品格，始终学习人类一切文明成果和有益经验，将世界先进理念和制度本土化，并融入既有的道路和制度框架之中。

　　当然，今天中国学习国外先进技术和管理经验与一个多世纪前已大为不同。中国拥有了更强的鉴别能力，更有能力判断哪些是真正好的制度，哪些是真正适合自己的制度，哪些是与中国社会文化土壤相容的制度。中国学习国外先进技术、理念、经验的自主性更高，眼光更独到，借鉴的过程也更深入、细致、具体。

三　中国梦坚守包容而非对立的制度观

　　中国特色社会主义道路，实际是在各大文明交融交汇背景下探索中国特色现代化进程之路。因此，中国特色社会主义制度，绝对不是建立在与世隔绝基础上的，也绝对不是在完全独立封闭的空间里另搞一套，而是一项立足中国、放眼世界、面向未来的事业。中国特色社会主义道路认为，其他国家发展道路中的有益成分完全可以学习借鉴，为我所用，中国的一些好的经验和做法，也不全是中国特色社会主义所专有。总有一些文明成果是属于世界各国人民的共同财富。中国梦要求尊重各国根据自身实际情况，选择适合自己的发展道路，并在发展过程中吸收借鉴其他发展道路的经验，使自身发展道路不断完善优化。沿着这一思路发展，或许世界各国制度之间的相容相通性会越来越强。

　　对外开放是中国特色社会主义道路在理论和观念上的创新。中国特色社会主义理论建立在准确判断当今世界发展大趋势的基础上，建立在吸收借鉴他国改革发展经验的基础上，建立在与时俱进吸收人类文明成果的基础上。也正是由于遵循了这种开放包容的理念和视野，中国特色社会主义道路、理论体系和制度才能够推动发展中的马克思主义及时反映当今世界的新变化，具有更大的包容性和生命力，实现马克思主义与人类文明大道的不断融合。

党的十八大报告倡导弘扬包容互鉴精神，主张尊重世界文明多样性、发展道路多样化，倡导尊重和维护各国人民自主选择社会制度和发展道路的权利，相互借鉴，取长补短，推动人类文明进步。中国特色社会主义制度具有很强的开放性，中国特色社会主义道路是在改革开放的进程中形成的。邓小平同志曾强调，"一个对外经济开放，一个对内经济搞活。改革就是搞活，对内搞活也就是对内开放，实际上都叫开放政策"①。家庭联产承包责任制、经济特区、社会主义市场经济、"入世"等对中国改革开放以来经济社会发展起到巨大推动作用的重大举措，都是放眼世界、解放思想、对外开放、学习国外先进管理经验的结果。中国特色社会主义道路就是在全球化浪潮中探索自主建设社会主义的道路。

正如习近平总书记在"省部级主要领导干部学习贯彻十八届三中全会精神全面深化改革研讨班"开班式上所强调的，"中华民族是一个兼容并蓄、海纳百川的民族，在漫长历史进程中，不断学习他人的好东西，把他人的好东西化成我们自己的东西，这才形成我们的民族特色。没有坚定的制度自信就不可能有全面深化改革的勇气，同样，离开不断改革，制度自信也不可能彻底、不可能久远。我们全面深化改革，是要使中国特色社会主义制度更好；我们说坚定制度自信，不是要固步自封，而是要不断革除体制机制弊端，让我们的制度成熟而持久"。他在上海参加外国专家座谈会时也曾强调，"不拒众流，方为江海"，"思想禁锢、心胸封闭不可能有真正的对外开放"。

当然，中国的学习借鉴一贯注意处理坚守本来与吸收外来的关系，一贯反对照搬照抄，一贯遵循扬弃的原则。中国会坚决守住社会主义的根本。那些涉及社会主义本质的基本制度和基本原则是绝对不

---

① 《邓小平文选》第 3 卷，人民出版社 2001 年版，第 98 页。

会改变的。中国共产党人坚信邓小平同志曾经说过的一句话："我们的制度将一天天完善起来，它将吸收我们可以从世界各国吸收的进步因素，成为世界上最好的制度。"

第三节　中国梦的发展理念

一　中国梦所秉持的发展理念植根于古圣先贤的经典论述

十八大对全面推进中国特色社会主义事业作出经济建设、政治建设、文化建设、社会建设、精神文明建设五位一体的总体部署，要求促进现代化建设各方面相协调，促进生产关系与生产力、上层建筑与经济基础相协调，不断开拓生产发展、生活富裕、生态良好的文明发展道路。十八届五中全会又提出创新、协调、绿色、开放、共享五大发展理念。这是中国共产党对国家发展的最新部署，体现了对发展问题认识的新高度。这一关于发展的理论体系的建立是近期的事情，但其中所蕴含的理念却广泛见诸中国古圣先贤的经典论述之中。

在可持续发展理念方面，中国先人留下了许多启迪后人的智慧。这些论述告诫人们，要敬畏、顺应、珍惜和善待自然，普遍暗含着"天人合一"的理念。《周易》有云："与天地合其德。"《论语·述而》云："子钓而不纲，弋不射宿。"《论语·泰伯》云："惟天为大，惟尧则之。"《中庸》云："上律天时，下袭水土。"《庄子·齐物论》云："天地与我并生，而万物与我为一"，"以道观之，物无贵贱"。《庄子·秋水》云："无以人灭天。"宋代理学家程颐有云："仁者以天地万物为一体。"明代王阳明《传习录》有云："使有一物失所，便是吾仁有未尽之处。"除此之外，大禹治水、都江堰建设等经典故事或事例，也都体现了中国古人因势利导、因地制宜，与自然相协调的理念。

在发展的方法论方面，中国古人的经典叙述中带有非常明显的"贵和尚中"的意味。《中庸》云："中也者，天下之大本也；和也者，天下之达道也。致中和，天地位焉，万物育焉。"儒家思想认为，不偏不倚、无过无不及乃是处事之原则和方法，不同事物相互协调，各尽其能乃是理想状态，若能如此，则能天地各安其位，万物生生不息。故《论语》有云："和为贵"，"君子和而不同"。这里的"和"，指的就是努力促成各种因素和各组关系达到均衡、协调、融洽的状态，其所表达的理念与统筹兼顾、全面、协调在方法论意义上是相通的。

在发展的价值诉求方面，中国古人非常强调民本思想。民本思想可谓中国古代的正统思想，老子《道德经·四十九章》云："圣人无常心，以百姓之心为心。"孔子强调"因民之所利而利之。"孟子强调"民为贵，社稷次之，君为轻。"荀子曰："天之生民，非为君也；天之立君，以为民也。"管子强调"政之所兴，在顺民心。政之所废，在逆民心"。董仲舒强调"天之生民，非为王也；而天之立王，以为民也。故其德足以安乐民者，天与之；其恶足以贼害民者，天夺之"。黄宗羲强调"天下为主，君为客"。除此之外，更有杜甫"安得广厦千万间，大庇天下寒士俱欢颜，风雨不动安如山"、范仲淹"先天下之忧而忧，后天下之乐而乐"等不朽诗篇，也反映了与这一理念相契合的情怀。

在发展的终极愿景方面，中国古人有许多关于社会和谐的思想。孔子强调"和为贵"，追求和而不同的社会愿景。墨子强调"兼相爱"、"爱无差等"。孟子强调"老吾老以及人之老，幼吾幼以及人之幼"，追求社会兴博爱之风。《礼记·礼运》云："大道之行也，天下为公，选贤与能，讲信修睦。故人不独亲其亲，不独子其子，使老有所终，壮有所用，幼有所长，矜、寡、孤、独、废、疾者皆有所养。"太平天国运动的领袖洪秀全提出要建立"务使天下共享"，"有田同耕，有饭同食，有衣同穿，有钱同使，无处不均匀，无人不饱暖"的社会。康有为在《大同书》中提出要建立一个"人人相亲，人人平等，天下为公"的理想社会。这些思想都在一定程度上反映了古代人对美好生活的向往和他们理想中的社会场景。今天中国共产党人对全面建成小康社会目标的追求，与这一系列经典论述是相融相通的。

二　中国梦所秉持的发展理念形成于中国共产党成立以来的执着探索

到了近现代，民为本、天人合一、贵和尚中等传统观念在中国社会中传承下来，并深刻影响着中国人的思维方式和价值追求。但是，将马克思主义的科学理论与中国古圣先贤的先进思想结合起来，形成符合国情的系统化的执政理念却不是一件容易的事情。

从鸦片战争到新中国成立，救亡图存是中国人面临的最大历史任务，虽然关于社会发展愿景的思考也同时存在于救亡图存的全过程，但毕竟不是最为紧迫的任务。因此，科学发展观、"五位一体"总体布局、"四个全面"战略布局、五大发展理念是中国共产党领导中国在革命、建设、改革的实践中逐渐形成的。并且，这也是一个不断继承和发展的过程。

早在新中国成立之前，毛泽东就曾提出，我们不但要建设一个政治上自由和经济上繁荣的中国，而且要建设一个文明先进的中国。新中国建国初期，毛泽东的《论十大关系》、党的八大路线、《关于正确处理人民内部矛盾的问题》等都体现了对各领域协调发展的探索，后来，中国共产党又提出要实现工业、农业、国防、科学技术四个现代化的奋斗目标，这些重要理论成果是中国共产党人对发展观的开创性探索，在新中国建设初期发挥了重要的指导和推动作用，对执政党发展理念的建立、改进和提升发挥了重要的基础性作用。

以十一届三中全会为标志，中国共产党人对科学发展道路的探索进入一个新阶段。在重新思考和界定社会主义的基础上，中国共产党对发展问题的总体部署也不断改进。1982年中共十二大确立了物质文明和精神文明一起抓的战略方针。邓小平"三个有利于""发展是硬道理""阶梯式和梯度式""社会整体发展模式"等思想将中国共产党人对发展的认识提升到一个新高度。1986年的十二届六中全会又确立了"以经济建设为中心，坚定不移地进行经济体制改革，坚定不移地进行政治体制改革，坚定不移地加强精神文明建设"的总布局。中共十五大、十六大进一步明确和重申了经济、政治、文化三位一体的总布局，强调不断促进社会主义物质文明、政治文明、精神文明协调发展，推动社会全面进步和促进人的全面发展。

进入 21 世纪以后，随着中国面临的国内国际形势发展的新变化，中国共产党人对发展规律的认识也继续深化，形成了科学发展观和构建社会主义和谐社会等战略思想。中共十七大明确作出了经济文明、政治文明、文化文明、社会文明四位一体的总体布局。中共十八大又将生态文明纳入中国特色社会主义建设的总体布局，中国共产党对发展问题的理解更为全面、深入和包容。十八大以来，中国共产党人继续对发展道路、理念进行创新，用"四个全面"、"五大发展理念"为新时期中国经济社会发展指明方向。

十大关系、四个现代化、两个文明、三位一体、四位一体、五位一体、四个全面、五大发展理念，将这一系列的核心词汇放到一起，我们就能体会到中国共产党对发展内涵的理解不断深入，不断升华。更为难能可贵的是，中国共产党人认为，这一过程只有进行时，没有完成时。

三　中国梦追求综合而非片面的发展观

当前的中国，所追求的是综合性、可持续性和体现公平正义的发展。

从质与量的关系来看，中国梦不单纯追求经济总量的上升，而是追求各领域的共同发展，是数量增长与质量提高的良性互动，是政治昌明、经济繁荣、文化进步、社会和谐、生态良好的协同推进。正如 2013 年习近平总书记在湖南考察时所强调的，"我们这么大个国家、这么多人口，仍然要牢牢坚持以经济建设为中心。同时，要全面认识持续健康发展和生产总值发展的关系，防止把发展简单化为增加生产总值，一味以生产总值排名比高低、论英雄。各级都要追求实实在在、没有水分的生产总值，追求有效益、有质量、可持续的经济发展"。

从发展限度和可持续性上来看，中国梦不会放弃发展经济，但更不会无视生态环境问题。中国人深知，假如中国一味追求美国式的生活方式，将需要消耗几倍于美国的能源资源，人类将需要"再造一个地球"。中国会根据资源环境承载能力，探索适合中国人的生产生活方式。正如习近平主席于2013年3月25日在坦桑尼亚尼雷尔会议中心发表演讲时所指出的，"我们认识到，为了从根本上解决中国经济长远发展问题，必须坚定推动结构改革，宁可增长速度降下来一些。任何一项事业都需要远近兼顾、深谋远虑，杀鸡取卵、竭泽而渔式的发展是不会长久的"。他在2013年二十国集团领导人峰会上发言时强调，"发展创新，是世界经济可持续增长的要求。单纯依靠刺激政策和政府对经济大规模直接干预的增长，只治标、不治本，而建立在大量资源消耗、环境污染基础上的增长则更难以持久。要提高经济增长质量和效益，避免单纯以国内生产总值增长论英雄"。

在发展的公平性问题上，中国梦追求更能体现公平正义的发展，追求发展成果更多、更好地惠及全体人民，最终目标是在国家好、民族好中保证实现个人好。习近平在十八届一中全会结束后新一届中央政治局常委与媒体见面时强调，"人民对美好生活的向往就是我们的奋斗目标"。他还曾强调，"抓民生就要抓住人民最关心最直接最现实的利益问题，抓住最需要关心的人群，一件事情接着一件事情办、一年接着一年干，锲而不舍向前走"。他在河北省阜平县、甘肃省渭源县和东乡族自治县调研时强调，"消除贫困、改善民生、实现共同富裕，是社会主义的本质要求。全面建成小康社会，最艰巨最繁重的任务在农村、特别是在贫困地区。没有农村的小康，特别是没有贫困地区的小康，就没有全面建成小康社会。各级党委和政府要把帮助困难群众特别是革命老区、贫困地区的困难群众脱贫致富摆在更加突出位置，各项扶持政策要进一步向革命老区、贫困地区倾斜，推动贫困地区脱贫致富、加快发展"。这些重要论述，正是中国共产党人对发展目的为了谁的深刻回答。

第四节　中国梦的价值取向

中国梦作为一种奋斗目标，包含深刻的价值观涵义。一方面，实现中国梦离不开社会主义核心价值体系的思想保障。另一方面，中国梦从理想变成现实的过程，同时也是社会主义核心价值体系培育成熟的过程。二者同步前行，互为保障。十八大报告强调，社会主义核心价值体系是兴国之魂，决定着中国特色社会主义发展方向。报告同时强调，要倡导富强、民主、文明、和谐，倡导自由、平等、公正、法治，倡导爱国、敬业、诚信、友善，积极培育和践行社会主义核心价值观。中国梦提出后，国际社会关于中国梦的讨论中，有许多是关于中国梦价值取向问题的。其中，西方许多学者武断地认为，中国梦是一种民族主义、国家主义、整体主义的梦。这些解读看似有些道理，实际并不准确。要理解中国梦的价值取向、价值特性，必须从中国传统价值体系中去寻找、从中西比较中去领会中国人在个体与整体、权利与责任理解上的特征。唯有如此，才能更深入、更准确地理解中国梦与其他国家梦想在价值取向上的异同。

一　中国传统价值观强调对世界的"整体性"理解

在世界观方面，中国传统价值观信仰"家—国—天下"的世界结构，"天下"实际是一个空间上无边界、时间上无始终的无所不包的概念。换句话说，中国传统价值体观蕴含着整体主义的认识论和方法论底色。作为一种世界观，中国传统价值体系中的"天下观念"在近代遇到西方主权国家体系时受到了重创。但是，这一世界观陷入低潮，与其说是因为世界观本身的局限性，不如说是因为中国传统制度的滞后。由于古人活动范围有限，"天下无外"的世界观在现实政治层面被作为大一统政治体制的逻辑依据，而在"家—国—天下"秩序遭到西方彻底破坏之后，不但大一统的政治体制遭到了彻底否定，"天下无外"的世界观也无辜地遭到人们的抛弃。然而，这一抛弃毫无疑问是武断的。

"天下无外"的世界观是一种对世界的整体性理解，是将我与他、我国与他国、人与其他物种、地球与其他星球均视为一体的一种系统性思维方式。这一思维方式不但强调不同个体的不同角色和功能，同时也强调个体的有限性。在人与自然的矛盾日益凸显的今天，西方社会已经在深刻思考人类智慧的有限性，逐渐改变征服自然的想法，这在深层意义上实际正是向"天下无外"世界观的回归。在人与自然的关系上，按照"天下无外"的世界观逻辑，人只是自然生态系统的一个组成部分，人类智慧的最高境界不是追求彻底征服（由于人类智慧的有限，任何欲求征服自然的举动都必然会受到自然界的严重惩罚），而是追求人与自然的和谐相处，实现"天人合一"。

在国际政治日益演变成世界政治的当今时代，任何行为体都是世界政治的组成部分，都扮演着不同的角色，发挥着不同的功能。在这一态势下，任何一种行为体都不可能彻底支配整个世界政治的运行规律。作为传统国际政治的主要行为体，现代国家必然面临着如何与其他国家、其他行为体和谐相处的问题。按照"天下无外"的系统观点，现代国家是世界政治的构成要素之一，与个人、国际组织、公司、非政府组织共同组成世界政治行为体，它们在这一体系中所扮演的角色和所发挥的作用虽有显性与隐性之分，但都是不可缺少的。因此，在整体性的世界政治中，国家需要为其他行为体让渡一些空间。只有这样，各类行为体才能正常运转、和谐相处。如果只有国家这一种行为体起作用，就如同人类欲求彻底征服大自然一样，国家必然会遭到世界政治的惩罚，其形式就是循环反复的战争和冲突。

随着全球化的深入发展和相互依赖程度的不断加深，中国传统价值体系的这一世界观立场无疑将具有越来越重要的价值。将国家视为世界政治构成要素中的一种，适当约束国家行为，为其他行为体的健康运作和积极性的发挥提供适当空间，对维持世界政治系统的健康极为必要，对维护人类的和平与安全极为关键。

二　中国传统价值观强调人的"社会性"

在社会关系的本体方面，中国传统社会结构表现为君臣、父子、夫妇、朋友等一系列社会关系和处理这些关系的一系列规则，西方那种"个人—团体"间的二元张力在中国不太明显。中国传统价值体系中的人是处于一系列社会关系之中的，可谓是"一切社会关系的总和"。西方现代价值体系中的个人被视为最高的价值追求，国家是实现个人价值的工具，世界也是维护个人权利和自由的手段。虽然自由主义的准确含义是个人权利与责任的对等，但在社会现实层面，西方个人本位的价值立场是非常明显的。同时，与这一价值取向相伴随的，是西方对抗式的思维方式和非此即彼的辩证法。个人与国家是对立的，个人与世界也是对立的，而个人与国家之间、个人与世界之间广阔的社会领域被严重忽略了。

实际上，随着社会学学科的创立和不断发展，人们对社会本质的认识不断深化，对社会本体的界定不断革新。在此背景下，那种个人与国家二元对立的观念正遭受严厉批判。尽管个体主义和整体主义逻辑在方法论意义上具有永不褪色的价值，但在本体论意义上却存在难以弥合的重大缺陷。毕竟，人是彼此独立的，也是相互依存的，社会由人组成，人也必须生活于社会之中。因此，有意识地挖掘居于"个人"与"国家"两端之间的广阔的社会领域，可以为理论的发展开拓巨大的空间。当然，这种革新的本体论意义大于方法论意义，可能很难发展出具有较强逻辑性的系统化理论，但仅就本体论这一点而言，其价值难以估量。

这是因为，将本体地位赋予个人与国家之间的中间地带可以消弭自我与他人、个人与国家之间的张力关系，创建"社会本体"的国家逻辑。在国家内部，个人与国家间的张力关系被"社会本体"的价值叙述所取代；在国家外部，国家与国家之间的张力关系也被"世界社会"的价值叙述所取代。这无疑是一种更为接近社会事实本质的价值叙述方式，对于我们以新的视角认识当今世界大有裨益。

三　中国传统价值观强调权责对等

在社会运行逻辑方面，中国传统价值体系中的伦理规则强调个人的责任，在一系列的社会关系中强调各方的义务，强调"诚意、正心、格物、致知、修身、齐家、治国、平天下"，强调"反查自身"，而争取个人权利的观念则不太突出。

欧洲自文艺复兴、启蒙运动始大力倡导个体本位主义，强调个人权责对等。但是，由于自由主义有反愚昧、反专制的历史使命，所以后世的西方文明实际是一个相对更偏重权利而弱化责任的文明。这一特征一直持续至今，并正强力侵蚀后发国家。反观中国，中国传统伦理价值体系中没有关于个体与整体权利义务关系的表述，因而强调对他者的义务、强调责任、强调自我反思，不强调个人权利。儒家传统的这一价值逻辑最为经典的概括就是"反求诸己"。在今天的世界，在权利逻辑具有压倒性合法地位的情况下，将"反求诸己"的责任逻辑和反思意识注入世界文明之中实际是必要的，这有利于世界文明的均衡性和包容性成长。

具体到国际关系领域，当今依然占主流地位的国际秩序原则实际是自由主义逻辑在国际政治领域的一种投射。这一规范只不过是将国家拟人化，强调国家权利不受侵犯，行为不受约束。与在其他领域一样，人们关于国际关系的价值观念中也是偏重权利而弱化责任的。尽管外交辞令中关于国际义务的说法渐趋增多，甚至冠冕堂皇，但关于责任的价值逻辑依然虚幻也是不争的事实。因此"反查自身"的价值逻辑同样可用于国际政治的价值叙述，它有利于更平衡地进行关于国家权利与责任相对等的价值叙述。如果"国家天生具有国际责任"能够在人们意识中拥有与"主权不可侵犯"同样的地位，那么国家关系中的张力就会不断弱化，更多地表现为和谐状态。

毫无疑问，这将是一个非常艰辛漫长的过程，但对于世界政治的未来发展而言，这一努力非常必要。从长远角度看，这一努力将会是对人类发展的一个重要贡献。

四 中国梦蕴含平衡而非偏执的价值观

西方有些言论认为，中国梦是一个"民族主义"或"国家主义"的梦，从上述分析可见，这种说法显然有失公允。中国梦既不像美国梦那样追求纯粹意义上的个人价值的实现，也不是仅仅追求国家富强和民族振兴。中国梦所追求的是个体利益与整体利益的良性互动、互为保障、相互促进，追求的是个体与个体、个体与整体的"自洽"状态。

中国梦的这一价值观底色在习近平总书记关于中国梦的一系列论述中已经得到充分体现。他在十二届全国人大一次会议上指出，实现全面建成小康社会、建成富强民主文明和谐的社会主义现代化国家奋斗目标，实现中华民族伟大复兴的中国梦，就是要实现国家富强、民族振兴、人民幸福。他同时指出，中国梦是民族的梦，也是每个人的梦。他还进一步强调，中国梦归根到底是人民的梦，必须紧紧依靠人民来实现，必须不断为人民造福。总之，中国梦所蕴含的价值观理念是整体与个体、权利与责任的平衡与有机统一，是一种更为均衡和包容的价值体系。

首先，中国梦追求国家与个人、整体与个体的良性互动与和谐相处，是国家、民族、个人梦想的统一，这与以美国梦为代表的西方"个体主义"价值偏好有较大不同。纯粹"个体主义"或纯粹"整体主义"都不是一种平衡的价值观立场，追求二者的相互包容和相互促进是一种更为进步的价值观取向。

其次，中国传统文化强调责任，强调义务，强调自我反思，讲究"反查自身"，这与西方强化权利而淡化责任的价值观也明显不同。无论对个人、国家、人类社会中的哪个层面来说，学会敬畏、学会尊重、学会自我约束，对于人类的发展进步及人与自然关系的和谐都具有非常积极的意义。

最后，更为难能可贵的是，中国文化倾向于以包容和相互转化的思维思考问题，可以在看似存在张力甚至冲突的不同价值之间掌握平衡，并对相互转化持开放立场。这种辩证法传统，对于理解中国人的行为规范、对于理解中国的内外政策，具有方法论方面的重要意义。

第三章　中国梦的世界意涵

习近平主席 2013 年在莫斯科国际关系学院演讲时表示，中国梦不仅造福中国人民，而且造福各国人民。这是他第一次在国际场合谈中国梦与世界的关系。此后，他又在多个国际场合阐述过中国梦与世界各国梦想相融相通的理念。中国梦与世界各国人民的美好梦想相融相通，源自中国对历史与未来的洞悉，源自中国对包容互鉴的坚守，源自中国对发展道路的自信，源自中国对发展方式的不断优化。中国梦的理论品质决定了其内外通达性，也决定了中国内政外交理念的一致性，并最终决定了中国梦的和平属性。在中国梦引领下，中国外交新征程已成功开启。中国外交已经并将继续证明，中国梦与世界各国梦想相融相通，中国人民在追求中国梦的过程中必将为人类作出新的更大的贡献，不断为世界梦想注入正能量。

第一节　中国梦的和平发展属性

我们在第二章已经提到，中国梦要求以连续而非割裂的视角认识自身历史。这一历史观扩展到国际关系史、世界史层面，就意味着中国人以螺旋前进的视角看待世界发展历史。在这一历史观指引下，中国人对自身战略文化、当今世界发展大势、中国所处历史方位等问题有着深刻的洞悉，这一认知塑造着中国人对当今世界和中国所处历史方位的理解，塑造着中国人对和平发展道路的理解和坚守，并最终决定了中国梦的和平发展属性。

一　中国梦的和平发展属性来源于中国人爱好和平的文化基因

中华文明有着 5000 多年的历史，在几千年的历史发展中，中国人形成了以"仁""和"为核心特征的政治文化传统，形成了崇尚和平、和睦、和谐的精神追求。"以和为贵""和而不同""己所不欲，勿施于人""贵和慎战，兼爱交利""备战为止战，操戈为息武""国虽大，好战必亡""睦邻友邦""亲仁善邻""化干戈为玉帛""协和万邦""天下太平""天下大同"等理念和告诫世代相传，深深溶化在中国人的血脉之中，塑造着中国人内敛平和的心境和行为。与此同时，中国传统思想文化总体上比较注重现实关怀与终极关怀的平衡，因此中国并不存在严格意义上的宗教，也就没有宗教扩张的需求和冲动。

受这一文化传统的影响，中国虽然曾经长期是世界上最强大的国家之一，但没有留下武力扩张或殖民侵略的记录。早在西汉时期，中国的版图就大致形成了今天的规模。此后，中国即使在最强大、国内生产总值占到世界 30% 的时候，也没有去搞扩张、搞霸权。一个耳熟能详的典型案例是，郑和曾率领世界上最强大的船队七下西洋，但带去的不是血与火、掠夺与殖民，而是瓷器、丝绸和茶叶。这与西方近代新航路开辟后的所作所为形成了鲜明对比。

近年来，有一种观点认为，中国梦是要恢复昔日"天朝上国"的地位，寻求重建"朝贡秩序"。应该说，这一论调本质上与"霸权梦""强权梦"一样，也是"中国威胁论"的一个变种，只是这一论调更侧重中国对周边国家的所谓"威胁"。除去蓄意诋毁的可能性，仅就这一说法本身而言，显然缺乏对中国人历史记忆和历史方向意识的基本了解。

一方面，将"朝贡秩序"等同于"霸权体系"是不恰当的。虽然二者存在一些相似因素，但由于历史时代和文化背景不同，二者在世界观基础、合法性来源、运行机理、伦理规范等方面可谓有云泥之别，甚至说，二者在很大程度上不具有可比性。另一方面，在中国人的历史记忆中，古代中国之所以伟大，是因为其不但有光辉灿烂的物质文化成就，而且坚守和平交往、厚往薄来、利他主义等"王道"理念。在大部分中国人的印象中，以和为贵、以德服人、兼爱非攻、道义外交是民族传统行为规范。经过千年的积淀，这些理念早已融为中国人共同的历史记忆和精神追求。如今中国梦所向往的民族复兴，除了富足的物质文化生活，更重要的就是找回这些历史记忆，寻求精神理念再升华。因此，中国梦所向往的是以亲仁善邻、和而不同的理念塑造和谐的国际和地区环境，而绝非构建等级式的国际秩序或谋求地区霸权地位。

二　中国梦的和平发展属性来源于中国人对世界发展趋势的把握

现实主义国际关系理论有一个著名论断：一个国家随着实力的不断上升必然会夺取霸权，必然会对国际体系中占主导地位的国家构成挑战，这一"权力转移"的过程往往伴随着冲突和战争。过去几百年的世界历史似乎也基本能够印证这一论断：近代以来先后崛起的葡萄牙、西班牙、荷兰、英国、法国、奥匈帝国、德国、日本、俄罗斯等国家，其崛起过程均伴随程度不等的冲突和战争。但是，这一论断是一种典型的历史循环论，看似发现了历史规律，实际却存在难以忽视的缺陷。历史不是原地循环的，而是螺旋前进的，随着世界的向前发展，其运行机理和发展规律也在逐渐发生变化。只有准确把握当今时代的特征，才能准确把握其当前发展规律和未来发展趋势。

事实上，在世界多极化、经济全球化、社会信息化深入发展的今天，各国已形成你中有我、我中有你的"互嵌"式关系结构，需要各国携手应对的问题越来越多，任何国家都难以依靠武力扩张的手段攫取利益，国家之间发生大规模战争变得越来越不可想象。各国唯有同舟共济而不是同舟共"挤",同舟共渡而不是同舟共"斗",才有出路。① 中国人对这一世界历史方位和发展方向有深刻认识,因此没有意愿,也没有必要向外扩张,走武力发展之路。与中国一贯奉行的与邻为善、以邻为伴的周边外交方针一致,中国梦的世界含义是致力于维护世界稳定和促进共同发展,为实现两个百年奋斗目标创造有利环境,同时努力使自身发展更好以惠及世界。其核心理念是正向互动,最终诉求是共同发展。

时至今日,仍有观点认为,中国无法摆脱"国强必霸"之路,必将向周边国家扩张,并挑战现有地区制度和价值观念。其实,这反映了一种典型的西方思维方式,沉浸于对立、静态和单向的逻辑推理,却忽视了相互联系、相互包容、相互转化的可能。事实上,中国在变,世界在变,中国与世界的关系也在变,中国与世界互动是一个实践过程,其走向不单取决于中国,更取决于中国与其他国家的共同努力。如果各方能坚定信念、相互尊重、保持克制,那么在互动过程中利益是可以协调的,认知是可以改变的,身份是可以相互包容的,价值理念也是可以相互转化的。因此,和平发展道路对中国而言依然是可能的,只是这无法仅靠中国单方面的努力,更需要世界各国与中国的正向反馈、良性合作、共同推进。

三　中国梦的和平发展属性来源于中国人对发展目标和条件的认识

维护世界和平和促进人类发展是中国发展目标的内容之一。早在新中国成立初期,中国政府就提出和倡导"互相尊重主权和领土完整、互不侵犯、互不干涉内政、平等互利、和平共处"的五项原则,这五项原则后来成为国际社会公认的处理国际关系的基本准则。邓小平也曾强调,"我们搞的是有中国特色的社会主义,是不断发展社会

---

① 参见戴秉国《坚持走和平发展道路》,载《中共中央关于制定国民经济和社会发展第十二个五年规划的建议》辅导读本,人民出版社 2010 年版。

生产力的社会主义，是主张和平的社会主义"。中共十八大报告明确强调，中国将继续高举和平、发展、合作、共赢的旗帜，坚定不移地致力于维护世界和平、促进共同发展。可以说，维护世界和平、促进人类发展已经成为中国人的自觉遵循，也已经成为中国特色社会主义的题中之义。

和平稳定的国际环境是中国实现发展目标的重要条件。习近平总书记在首次论述中国梦时提出了两个百年的奋斗目标。两个百年奋斗目标的具体含义是，到 2020 年国内生产总值和城乡居民人均收入比 2010 年翻一番、全面建成小康社会，到 21 世纪中叶建成富强民主文明和谐的社会主义现代化国家。但是，需要承认的是，实现两个百年的奋斗目标，一方面需要中国人付出巨大的努力，另一方面也有赖于一个和平稳定的国际环境。正如习近平主席在德国科尔伯基金会演讲时所指出的，"中国有 13 亿多人，只要道路正确，整体的财富水平和幸福指数可以迅速上升，但每个个体的财富水平和幸福指数的提高就不那么容易了。同样一桌饭，即使再丰盛，8 个人吃和 80 个人吃、800 个人吃是完全不一样的。我们深知，在相当长时期内，中国仍然是世界上最大的发展中国家，提高 13 亿多人的生活水平和质量需要我们付出艰苦的努力。中国要聚精会神搞建设，需要两个基本条件，一个是和谐稳定的国内环境，一个是和平安宁的国际环境"。

以和平的方式实现发展的路子是行得通的。改革开放以来，中国通过走和平发展道路，实现了 30 多年的快速发展，经济总量跃居世界第二位，人民生活水平得到明显改善，综合国力大幅提升。30 多年的实践证明，依靠勤劳、智慧、合作实现发展是行得通的，是一条正确的发展道路。只要坚持开放的发展、合作的发展、共赢的发展，不断完善开放型经济体系，协力解决关乎世界经济发展和人类生存进步的重大问题，努力促进世界各国共同发展，中国就有可能打破"国强必霸"的历史怪圈，避免走其他大国搞殖民扩张、武力争夺势力范围的老路，就能沿着和平发展的道路继续走下去，走成功。

四　中国梦和平发展属性有自己的原则和底线

中国梦的和平属性不是没有条件、没有边界、没有底线的，不是为了和平而可以放弃一切。没有底线的妥协退让要么是绥靖主义，要么是投降主义，到头来，不但不能有效维护自身利益，而且还可能带来国际冲突和战争。中国的和平发展道路，是建立在坚决维护正当权益和决不能牺牲国家核心利益的原则上的。坚决维护国家主权、安全、发展利益，不屈服于任何外来压力，是中国和平发展道路的题中应有之义。换言之，中国的和平发展政策建立在独立自主的原则之上，中国尊重别国的独立自主，中国自己的独立自主也必须被尊重，否则的话，和平发展就没有了赖以存在的基础，也就难以为继了。

中国人会坚决维护国家正当权益和核心利益。按照中国前国务委员戴秉国 2010 年在《坚持走和平发展道路》一文中的理解，中国的核心利益，"一是中国的国体、政体和政治稳定，即共产党的领导、社会主义制度、中国特色社会主义道路；二是中国的主权安全、领土完整、国家统一；三是中国经济社会可持续发展的基本保障。这些利益是不容侵犯和破坏的"[①]。2011 年，中国政府发布的《中国的和平发展》白皮书将中国的核心利益界定为"国家主权，国家全权，领土完整，国家统一，中国宪法确立的国家政治制度和社会大局稳定，经济社会可持续发展的基本保障"。涉及这六方面利益的问题，中国人的原则是不容侵犯、不可妥协、不可让步。这也就是中国和平发展道路的边界和底线。

中国人会坚决维护国家和公民的海外利益。随着中国逐渐形成全方位的对外开放格局，中国的国家利益已经遍布全球，这也是全球化相互依赖时期的一个重要特点。2012 年，中国海外资产总值超过 1.5 万亿美元，海外劳务派遣人员达到 85 万人。与此同时，能源资源、

---

　　① 戴秉国：《坚持走和平发展道路》，载《中共中央关于制定国民经济和社会发展第十二个五年规划的建议》辅导读本，人民出版社 2010 年版。

海外资产、海上战略通道和海外人员安全问题也不断凸显。通过加强合作，提高海上护航、应急救援、海外公民保护等方面的能力，为日益增长的海外利益提供足够的安全保障，是未来一段时期中国外交面临的重要任务之一。

为了巩固国防、抵抗侵略、保家卫国，建设与自身国际地位相称、与国家安全和发展利益相适应的强大军队，是中国现代化建设的战略任务。面对安全威胁日益多元化的发展趋势，中国的国防和军队现代化建设需要有一个大的发展。中国的国防投入始终保持合理适度的规模，中国推进军事和国防现代化是履行新时期军队新职能的需要，中国也一直在主动努力提高军事透明度，指责中国军事不透明、渲染中国"军事威胁论"是不客观、不公正的。中国始终奉行防御性的国防政策，除了维护国家主权、安全、领土完整，保障国家和平发展，维护世界和平稳定，中国别无他想。①

第二节　中国梦的合作共赢属性

中国梦的发展理念在国际领域的拓展延伸，决定了中国寻求与他国实现共同的、包容的、可持续的发展。中国梦在国内寻求实现综合性、包容性和体现公平正义的发展，在国际层面也同样主张在追求本国利益时兼顾别国利益，在寻求自身发展时兼顾别国发展。中国强调发展的可持续性，愿与世界各国一起，共同探索人类可持续发展道路。中国强调发展的平衡性，追求各国人民共享发展成果。为此，党的十八大报告强调，"中国致力于缩小南北差距，支持发展中国家增强自主发展能力。中国将加强同主要经济体宏观经济政策协调，妥善解决经贸摩擦，中国坚持权利和义务相平衡，积极参与全球治理，推动贸易和投资自由化、便利化，反对各种形式的保护主义"。习近平

---

①　参见中共中央对外联络部研究室《中共十八大：中国梦与世界》，外文出版社 2013 年版，第 239—245 页。

主席在莫斯科国际关系学院演讲时强调，"世界发展不可能建立在一批国家越来越富裕而另一批国家却长期贫困落后的基础上。只有各国共同发展了，世界才能更好发展。那种以邻为壑、转嫁危机、损人利己的做法既不道德，也难以持久"。

一　合作共赢属性引领中国倡导构建新型大国关系

中国人坚信中国梦与主要大国梦想"理念相容"，积极倡导构建新型大国关系，努力维持大国关系平衡稳定。中国梦与美国梦、欧洲梦、俄罗斯"强国梦"在历史积淀、价值理念、奋斗目标上各具特色，但各国梦想的实现都需要和平稳定的国际环境，都有赖于大国关系的平衡稳定。在处理与大国关系问题上，中国正变得更为理性、冷静和务实。中国承认各大国间存在不同程度的竞争关系，但认为可在竞争与合作之间寻找平衡点，实现各大国关系良性互动、相互包容。

习近平就任国家主席之后首访首站选择俄罗斯。两国元首签署了关于深化全面战略协作伙伴关系的联合声明，签署一大批被称为"世纪合同"的合作协议，两国经济、能源、人文、地方、军事等各领域合作提升到新水平，国际战略协调与合作提升到新高度，树立了大国间互信合作的典范。2014 年 5 月普京访华期间，两国政府签署《中俄东线天然气合作项目备忘录》，中国石油天然气集团与俄罗斯天然气工业股份公司签署《中俄东线供气购销合同》。根据双方商定，从2018 年起，俄开始通过中俄天然气管道东线向中国供气，输气量逐年增长，最终达到每年 380 亿立方米，累计 30 年。这一天然气大单的签订，是中俄加强全面能源合作伙伴关系、深化全面战略协作伙伴关系的一项重要成果，为两国务实合作增添了新筹码。

中国愿打破崛起大国与守成大国权力易位过程必然伴随冲突和战争的"历史周期律"，积极主动探索构建中美新型大国关系。中国对中美关系重要性和复杂性的认识更为全面、客观，愿拿出足够的诚意、耐心和智慧，争取实现中美良性竞争，努力扩大合作面，巩固利益交融格局。2013 年 6 月，习近平主席应邀与奥巴马总统在美国加利福尼亚州安纳伯格庄园举行会晤，就构建新型大国关系达成重要共识。习近平主席将中美新型大国关系的内涵概括为不冲突不对抗、相互尊重、合作共赢。2014 年 3 月，习近平主席在海牙会见奥巴马总统时又表示，愿同美方一道，始终坚持构建新型大国关系正确方向，推动两国关系持续健康稳定向前发展。中美关系的重要性前所未有，相互依赖程度前所未有，两国在战略、经贸、人文等领域合作不断深入，在应对跨国性威胁方面的合作也不断增强。只要双方增进互信，相互尊重，中美新型大国关系的基础就会不断巩固，合作前景也将日益广阔。

2013 年 11 月，第十六次中国欧盟领导人会晤发表《中欧合作 2020 战略规划》；宣布启动中欧投资协定谈判；积极探讨开展自贸区可行性研究，力争到 2020 年贸易额达到 1 万亿美元，共同支持贸易投资自由化便利化，反对贸易保护主义；加强在国际和地区事务中的沟通与协调。2014 年 3 月，习近平主席访问欧盟总部期间，双方发表《关于深化互利共赢的中欧全面战略伙伴关系的联合声明》，同意全面落实《中欧合作 2020 战略规划》，并通过新一次中国欧盟领导人年度会晤评估《中欧合作 2020 战略规划》落实情况。声明同时期待尽早达成中欧投资协定，并在条件成熟时签订全面深入的自贸协定。中欧两大力量、两大市场、两大文明的合作，对人类文明的延续与变革、守成与创新无疑具有极为重要的意义。

二　合作共赢属性引领中国倡导地区命运共同体意识

中国人民努力推动中国梦与周边国家梦想"互联互通"，多措并举让"命运共同体意识"在周边国家落地生根。中国新一届政府把周边外交放在外交全局中更加突出的位置上。2013 年，习近平、李克强首访首站都选择了周边国家，中国召开了新中国成立以来首次周边外交工作座谈会，中共中央政治局常委悉数出席，中国新一届领导人的这些周边外交举措引起国际社会广泛关注。

习近平主席访问中亚时提出共建"丝绸之路经济带"，访问印尼时提出愿与东盟国家共建"21 世纪海上丝绸之路",成为举世瞩目的"一带一路"发展合作倡议;李克强总理访问印度时共倡建设"孟中印缅经济走廊",访问巴基斯坦时提出着手制定"中巴经济走廊"远景规划,会见来华出席第十届中国 – 东盟博览会的东盟国家领导人时提议打造中国东盟自贸区升级版、建立亚洲基础设施投融资平台,参加中国 – 东盟领导人会议时提出"2 + 7"合作框架。更值得关注的是,习近平总书记在周边外交工作座谈会上强调,周边外交要体现亲、诚、惠、容的理念,并强调要坚持正确的义利观,让命运共同体意识在周边国家落地生根。

这些政策倡议和重大决策不但有力否定了"中国扩张论"等错误论调,再次宣示了中国走睦邻友好、合作共赢道路的诚意,顺应时代潮流,符合各方利益,而且提出了有说服力的实施建议,既放眼长远又务实推进,可谓为地区合作指明了方向。

2014 年 5 月,习近平在亚洲相互协作与信任措施第四次峰会上又提出了共同安全、综合安全、合作安全、可持续安全的亚洲安全观,并倡导各国创新安全理念,搭建地区安全合作新架构,努力走出一条共建、共享、共赢的亚洲安全之路。中国和平发展,始于亚洲、依托亚洲、造福亚洲。他同时强调,中国坚持与邻为善、以邻为伴,坚持睦邻、安邻、富邻,践行亲、诚、惠、容理念,努力使自身发展更好惠及亚洲国家。

应该说,只要地区国家之间坚持讲信修睦,保持政策沟通,就能推动实现道路联通、贸易畅通和货币流通,就能通过合作共赢最终建成利益相连、民心相通的命运共同体。我们完全有理由说,中国梦将与周边国家梦想"互联互通"。

三　合作共赢属性引领中国永远做发展中国家的可靠朋友和真诚伙伴

中国梦的发展理念决定了,中国将努力巩固与发展中国家梦想的合作,注重充分发挥各自的比较优势,注重提升发展中国家在产业链中的位置，注重帮助培育发展中国家自身的经济造血功能。

"志合者，不以山海为远"。"一同哭过的人永远不忘"。中国人民与广大发展中国家人民有相似的历史经历，在民族独立和人民解放过程中又结下了深厚友谊。中国将维持与发展中国家人民的传统友谊，以正确义利观为指导，加强团结合作，共同维护发展中国家在国际事务中的代表性和发言权，永远做发展中国家的可靠朋友和真诚伙伴。

2013年，习近平主席访问非洲期间提出对非"真、实、亲、诚"四字箴言，强调中非合作的互利共赢性质，宣布了一系列支持非洲的新措施，签署了40多个合作文件，其中包括一批有利于非洲国计民生的大项目。之后，习近平访问拉美三国，签署了24项合作文件，宣布了支持加勒比国家经济和社会发展的一系列新举措，受到有关国家的欢迎。

2014年，李克强访非期间提出"461"中非合作框架，即坚持平等相待、团结互信、包容发展、创新合作等四项原则，推进产业合作、金融合作、减贫合作、生态环保合作、人文交流合作、和平安全合作等六大工程，完善中非合作论坛这一重要平台，打造中非合作升级版。李克强此行的务实成果还包括：开启对非区域航空合作、参与非洲互联互通建设、支持非洲工业发展、扩大融资为合作保驾护航以及突出负责任形象和惠民生理念。

同样是在2014年，中国外交部长王毅在两会期间回答记者提问时表示，中国强调以正确的义利观同发展中国家打交道，坚持道义为先，更好地重视和照顾发展中国家的需求。他表示，如果用一句话来形容中国同拉美和加勒比国家关系的话，我想最贴切的就是"海内存知己，天涯若比邻"。对于中非关系，他认为，中非关系可以用三句话来概括。首先，中非是同甘共苦的好兄弟；其次，中非是平等合作的好伙伴；最后，中非还是共同发展的好伙伴。在中国对非合作上，中国从不居高临下，从不干涉内政。

其实，中国综合性发展理念的对外延伸就意味着，中国与发展中国家开展务实合作重在充分发挥各自比较优势，对发展中国家援助不附带任何政治条件，愿帮助广大发展中国家不断提升产业层级，不断优化发展方式，不断提升内生性经济发展动力。所谓中国在发展中国家搞"新殖民主义"是毫无根据的，中国梦与发展中国家梦想在未来发展中将进一步相互借鉴，携手前行。

四　合作共赢理念引领中国积极参与全球和区域治理

中国人民致力于为人类发展作出更多更大贡献。作为联合国安理会常任理事国，中国时刻铭记所担负的国际责任。中国将根据自身实力和影响力积极参与解决各类国际和地区问题，努力做世界和平的维护者。近年来，中国在国际金融体系改革、全球气候变化、伊朗核问题、叙利亚局势、朝鲜半岛紧张局势、阿富汗和平重建进程等问题上坚定维护国际关系基本准则，维护公平正义，为推动国际政治经济秩序体现更多公平正义发挥了积极作用，为维护地区和平稳定作出了重要贡献。

中国积极参与多边事务，支持联合国、二十国集团、上海合作组织、金砖国家等发挥积极作用。中国强调大国责任，强调国家间政策协调，强调全球治理措施的综合性，强调国际制度间的开放性和包容性。今后，中国将继续扮演国际发展事业贡献者的角色，与世界各国共同努力，最大程度降低冲突和战争，最大程度实现国际公平正义，最大程度实现人类包容性发展，推动国际政治经济秩序朝着更加公正合理的方向发展，努力为"世界梦"注入正能量。

第三节　中国梦的包容互鉴属性

中共十八大报告主张在国际关系中弘扬包容互鉴的精神，尊重世界文明多样性、发展道路多样化，尊重和维护各国人民自主选择社会制度和发展道路的权利，相互借鉴、取长补短，推动人类文明进步。中国梦也蕴含着包容互鉴的精神。正如习近平主席 2014 年在联合国教科文组织总部的演讲中所强调的，文明交流互鉴，是推动人类文明进步和世界和平发展的重要动力。

一 包容互鉴属性源自中国对文明本质的理解

在人类历史和现实中，每个人都有一系列的观念，比如世界观、价值观和因果信念等。这些观念要素有时是互补的，但也有很多时候是相互冲突的。互补较容易理解，比如，忠君与爱民、父慈与子孝这两对中国古代伦理规则就分别是互补的，臣民对君王忠诚，君王对臣民仁爱，子女对父母孝敬，父母对子女仁慈，君臣、父子关系因此而达到和谐状态。但是冲突也是深刻存在的，比如中国传统就有"忠孝难两全"的说法，比如我们追求个人的自由，但也认为为了社会的公平，个人的自由要受到一定的限制，如此等等，不一而足。可见，每个人的观念体系都既拥有自身的粘合力，也都存在难以消除的内在张力。作为由诸多个体组成的社会，其观念体系比个人更为复杂，价值要素更为多元，因此价值间张力的类型更为多样。换言之，人类社会的观念体系就是由一系列或相互包容、或相互竞争的价值要素杂糅而成的。

人类是否存在共有价值？关于这一问题的讨论，首先要区分作为要素的价值和作为整体的文化。这一区分对于我们理解文明的本质非常有益。如果仅从作为要素的价值来看，我们认为人类有许多共同追求的价值，比如公平、正义、民主、自由、美丽、友善、孝敬父母、抚养儿女等等。但是，如果从作为整体的文化来看，世界几大文明及其内部的次级文明之间则存在明显的价值偏好。这个问题仍然要从观念体系的复杂性的角度来理解。如前所述，观念体系由一系列相互和谐或竞争的价值要素组成，在价值要素的种类和数量方面，世界几大文明并没有本质的区别，甚至可以说世界各大文明都是由一些相同的价值要素组成的。它们的差异主要在于对相互竞争的价值进行排序时的不同安排，即不同的文明在处理内部价值冲突时有不同的价值偏好。

比如在自由与秩序之间，东方文明相对来说更为倾向秩序，而西方文明相对来说更为倾向自由；在尊敬父母与尊敬上帝之间，儒家文明更倾向于父母，而基督教文明更倾向于上帝。的确，对一种价值的追求意味着对另一种价值的失去，但是各大文明在推崇某一价值的同时并不是将另一价值完全舍弃：东方并不是完全不珍视自由，西方也并不是不重视秩序；东方并不是不信仰神灵，西方也并不是不尊敬父母。因此，文明的不同在于价值配置方式不同，即在相互竞争和冲突的价值之间，不同文明选择了不同的价值偏好，因此也就选择了不同的价值平衡方式。从这个意义上说，文明间的差别是相对的而不是绝对的，文明的特征是在长时期的生产生活中逐步形成的而不是先天给定的。

二　包容互鉴属性体现中国对世界文明发展的认知

在现实的世界中，文明有强势与弱势之分。比如，在西方引领现代化的过程中，西方文明就经历了一个向其他地区扩张的过程，对儒家文明、佛教文明、伊斯兰文明造成了较大冲击。时至今日，在国际通行的政治话语中，西方文明要素的影子到处可见。因此，思考文明交流互鉴的问题，必须对文明间关系有正确的认识。关于这一点，习近平主席在联合国教科文组织总部演讲时进行了精彩论述。他在演讲中对文明间关系的理解，体现了中国对世界文明发展的立场。

首先，文明是丰富多彩的。文明，从本质意义上是一个国家和民族的集体记忆。由于人类历史的发展是一个由相对分散到相对集中的过程，不同的经历造就了不同的记忆，也就形成了不同的文化。不过，也正是因为有了多种多样的文化，人类文明才能在交流互鉴中不断向前发展。中国古代的"和而不同"思想正可以作为文明多样性的哲理依据。中国西周末年的王朝太史伯阳父曾提出"和实生物，同则不继"的思想，即在和谐状态中，万物即可生长发育，但若完全相同一致，则无法发展延续。借古喻今，今天文明的多样性，是人类进步的必要条件。习近平用诗句"一花独放不是春，百花齐放春满园"深入浅出地说明了这个意思。

其次，文明是相互平等的。文明，有时会带有普世主义的冲动。与这一冲动相伴而生的，是容易对其他文明产生歧视心理的"自我文明中心主义"。比如，在西方文明占强势地位的当今时代，西方政界精英、知识分子在看待其他文明时，往往容易带有先天的偏见。这种偏见有时并非故意为之，但却深深植根于潜意识之中。如果以居高临下的态度去对待一个文明，就难以理解这一文明的精髓和奥妙所在。正如习近平主席强调的，各种人类文明在价值上是平等的，都各有千秋，也各有不足。世界上不存在十全十美的文明，也不存在一无是处的文明，文明没有高低、优劣之分。为此，他强调，历史和现实都表明，傲慢和偏见是文明交流互鉴的最大障碍。

第三，文明是可以包容的。世界各种文明的形成发展，都是一个不断吸收、借鉴、整合的过程。中国文化的发展过程可作为论证这一观点的典型案例。比如，据闻一多考证，作为中国图腾符号的"龙"，其起初形象是蛇。之后，随着氏族的兼并，这一图腾符号逐渐加入了其他元素，并最终形成我们所看到的马头、鹿角、鸟翼、狗爪、鱼鳞、兽足等组合在一起的"龙"的形象。图腾的沿革，体现的正是文化的发展过程。中华文明，正是同其他文明不断交流互鉴而形成的文明。丝绸之路、玄奘取经、郑和下西洋，都是中华文明不断吸收外来文明精髓的典型事例。也正因如此，习近平主席强调，一切文明成果都值得尊重，一切文明成果都要珍惜。

以长远历史视角看，人类文明的发展是一个各类文明不断融合的过程。不过，这个过程非常的漫长。对于处于特定文明和特定时代之中的人群来讲，只有尊重文明的多样性、强调文明的平等性、倡导文明的包容性，努力实现文明间的交流互鉴，才能推动人类文明的发展进步。至于文明发展的终极形态，就不是现代人所需回答和所能回答的问题了。

三　包容互鉴属性决定中国倡导不同发展道路间互学互鉴

中国特色社会主义道路的艰辛探索使中国人深知被尊重和被包容

的重要性。"万物并育而不相害，道并行而不相悖"。各国根据本国实际探索恰当的发展道路，既有利于各国自身的发展，也有利于世界的和平与繁荣。但如果带着"有色眼镜"刻意为别国发展道路贴上各类标签，不但与实际不符，而且会给相关国家带来不公正的舆论压力，阻碍各国探索发展道路进程的顺利推进，在本质上是话语霸权主义的体现。

实际上，各国发展道路有许多相融相通之处，放弃对立式的和非此即彼的思维，不但有利于各国发展道路的不断完善，而且有利于各类道路间互学互鉴。为此，中共十八大报告主张尊重世界文明多样性、发展道路多样化，尊重和维护各国人民自主选择社会制度和发展道路的权利，相互借鉴，取长补短，推动人类文明进步。习近平同志也用"鞋子合脚论"形象地强调，一个国家的发展道路合不合适，只有这个国家的人民才最具有发言权。中国深知从现实走向理想目标需要切实可行的路径，只有对各类路径持开放立场才能促进道路间的融通性、包容性和透明性，因此，中国尊重各国根据本国国情自主选择发展道路的立场永远不会改变。

回到文明层面来看，如果把文明看作一个不断发展的过程，我们没有任何理由说今天的强势文明已经尽善尽美而无需改进。事实上，西方思想界对资本主义的批判、对现代性的反思，正是对当今强势文明所暗含的工具理性等要素的反思和纠偏。既然西方都在反思其文明模式，中国人又何必妄自菲薄？换言之，中国确有必要挖掘传统文化中的某些价值要素，并主动将其向世界推广。中国为世界提供观念，并非将整个中国传统文化强行推向全世界，而是为世界文明注入更多中国元素，使其更完满、更均衡、更包容。这一努力在现实利益上有利于消除国际社会对中国的一些误解，从而有利于中国外交环境的和谐；在长远价值意义上有利于为逐渐形成的世界层面文明注入新的价值逻辑。世界文明的发展，应在各种文明的价值偏好和价值逻辑之间取得某种平衡，否则不但对弱势文明不公，也不利于人类文明的健康发展。

第四节　中国梦的重义轻利属性

中国梦的内涵之一是弘扬中国精神，而中国传统义利观又是中国精神的重要内涵。中国主流价值观中的义利观，决定了中国在处理国际关系时的义利观定位。习近平主席在重要外交活动中多次表示，中国在同发展中国家发展关系时，要树立正确的义利观，政治上坚持正义、秉持公道、道义为先，经济上坚持互利共赢、共同发展。这一原则，已经成为中国外交的一面新旗帜。

一　中国传统义利观萃取于诸家论辩

中国历代思想家对义利关系的理解可谓见仁见智。早在先秦时期，"义利"就是伦理争论中的一对重要范畴，儒家主张重义轻利，墨家主张义利合一，道家主张超越义利，法家主张重利轻义。诸子百家关于义利关系的争论基本奠定了中国人对义利观的几种理解。

儒家崇尚义，但不完全反对利，主张以道德规范适当地约束人的利欲。孔子关于义利关系的论述就包含了两层含义：一层是以义为上；一层是重义轻利。他关于义利关系的论述主要有："君子喻于义，小人喻于利"；"君子义以为上，君子有勇而无义为乱，小人有勇而无义为盗"；"富与贵，是人之所欲也，不以其道得知，不处也；贫与贱，是人之所恶也，不以其道得知，不去也"。孟子关于义利的论述主要是围绕其对"仁政"的理解展开的，强调为民谋利乃为政者义之所在："何必曰利？亦有仁义而已矣"；"若民，则无恒产，固无恒心"；"今也制民之产，仰不足以事父母，附不足以蓄妻子；乐岁终身苦，凶年不免于死亡。此惟救死而恐不赡，奚暇治礼义哉"；"养生丧死无憾，王道之始也"；"七十者衣帛食肉，黎民不饥不寒，然而不王者，未之有也"。荀子则明确提出了"以义制利"的说法："义与利者，人之所两有出，虽尧舜不能去民之欲利，然能使其欲利不克其好义也。虽桀纣也不能去民之好义，然能使其好义不胜其欲利也。故义胜利者为治世，利克义者为乱世"。

与儒家不同，墨家主张义利合一，义利并重。如果说儒家强调"仁者爱人"，则墨家更强调爱的对等性、非等级性和交互性，强调义利的统一。墨子主张"以兼相爱、交相利之法易之"；"视人之国，若视其国；视人之家，若视其家；视人之身，若视其身。是故诸侯相爱，则不野战；家主相爱，则不相篡；人与人相爱，则不相贼；君臣相爱，则惠忠；父子相爱，则慈孝；兄弟相爱，则和调。天下之人皆相爱，强不执弱，众不劫寡，富不侮贫，贵不敖贱，诈不欺愚。凡天下祸篡怨恨，可使毋起者，以相爱生也。是以仁者誉之"。从"兼相爱"思想出发，就能很容易得出墨家"交相利"的观点："夫爱人者，人必从而爱之；利人者，人必从而利之；恶人者，人必从而恶之；害人者，人必从而害之"。从中可以看出，墨子不强调义利间的张力，而强调人与人之间义利关系的对等，强调二者相互转化，主张通过爱人而爱己，通过利人而利己，既可以义取利，又可因义获利。

与儒家、墨家学说的现实意味相比，道家学说更具超现实性。《道德经》云："上德不德，是以有德。下德不失德，是以无德……故失道而后德，失德而后仁，失仁而后义，失义而后礼。夫礼者，忠信之薄也，而乱之首也"。道家认为偏离道才会强调德，偏离德才会强调仁，偏离仁才会强调义，偏离义才会强调礼。道家之所以强调超越义利之辩，是因为道家认为"义"和"利"的标准实际是难以界定的。何谓正义，何谓非正义，何谓道德，何谓不道德，道家认为，人们在这些问题上实际很难有统一的标准。

法家学说最具现实主义色彩，是一种非道德政治学说。法家否认道德的存在，强调制度法则的作用。韩非子曾说，"夫有道之主，远仁义，去智能，服之以法"，认为仁义道德和智能都有太强的欺骗性，因而是靠不住的，唯有法可以作为实现德的方法、途径。在不相信"义"的同时，法家非常强调人的"自利性"："医善吮人之伤，含人之血，非骨肉至亲也，利所加也。故舆人成舆，则欲人之富贵，匠人成棺，则欲人之夭死，非舆人仁而匠人贼也"。

儒、墨、道、法之间关于义利的论述，确立了中国自古至今义利之辩的核心范畴，也确定了中国传统伦理争辩的不同逻辑。不过，自汉武帝接受董仲舒建议推出的"罢黜百家、独尊儒术"之后，儒家的伦理价值观基本成为中国政治话语中的主流伦理价值观，"重义轻利"一直扮演着中国主流义利观的角色。

二　中国义利观的国际向度

我们讨论中国梦的价值取向时，曾谈到用中国传统价值逻辑改进当今国际关系准则的问题。这里，我们讨论中国义利观的国际向度，就是讨论用中国义利观改进国际关系准则中关于国家权利与国家责任的相关论述。这一改进是否有必要？是否有可能？是否有价值？

仅就权利与责任的关系而言，中国传统价值观追求整体价值与个体价值良性互动，追求权利与责任的对等和平衡，因此不太强调个体的概念。总体而言，在中国传统伦理价值体系中，个人的概念是模糊的。中国传统伦理观强调君臣、父子各方的义务，强调对偶各方的责任，强调自我反思，注重对相关方责任的论述，相对淡化个人权利。换言之，儒家哲学是一种典型的"反查自身"的哲学。这些特点与西方近现代文明有明显不同。回顾历史，欧洲自文艺复兴、启蒙运动开始倡导个体人本位主义，强调个人权责对等。但是，由于自由主义有反专制的历史使命，所以后世的西方文明实际是一个相对偏重权利而淡化责任的文明。这一特征一直持续至今，并正强力侵蚀后发国家。在当今世界，在权利逻辑仍然占有压倒优势的情况下，将"反求诸己"的责任逻辑和反思意识注入世界文明之中是极其必要的，这有利于对国际社会"义利观"进行纠偏，也有利于世界文明的均衡性和包容性成长。

在国际关系理论和实践中，目前依然流行的对国家的"原子化"想象，不过是自由主义价值逻辑在国际政治领域中的投射。这一投射将国家拟人化，进而将自由主义的价值逻辑运用到国家间关系之中，强调国家权利不可侵犯。与在其他领域一样，作为自由主义思想的延伸，人们关于国际关系的伦理价值也是偏重权利而弱化责任的，关于各个国家负有国际责任和义务的理念相对淡薄。尽管各国外交辞令中关于国际义务的说法渐趋增多，甚至冠冕堂皇，但关于责任的价值逻辑依然虚幻却也是不争的事实。因此"反求诸己"的价值逻辑同样可以用于国际政治的价值叙述，它有利于更平衡地进行关于国家权利与责任相对等的价值叙述，提高"责任意识"在各国观念中的权重。

如果"国家天生具有国际责任"能够在人们意识中拥有与"主权不可侵犯"同样的地位，那么各国间的关系可能比现在更为和谐，对立、冲突、战争可能进一步减少，国际社会应对跨国性威胁的合作会更有力，霸权主义和强权政治的生存空间将进一步缩小。这在现阶段看起来有些痴人说梦，但谁能保证几十年、几百年后的世界不会朝这个方向发展呢？

三　中国梦指引中国在国际事务中奉行正确义利观

中国在处理国际关系问题时一直自觉遵循正确义利观指引，即始终坚持重义轻利、舍利取义、以义取利、见利思义。新中国成立后，中国在经济十分困难的情况下依然充分发扬国际主义精神，坚持向广大发展中国家提供力所能及的帮助，支持摆脱殖民地的斗争。半个世纪以来，中国累计向发展中国家和地区派出医疗队员2.3万人次，为发展中国家培训各类人才超过14万名，援建了2200多个重要项目。坦赞铁路、加纳国家大剧院、坦桑尼亚尼雷尔国际会议中心、莫桑比克国家体育场、非盟会议中心等都是中国重义轻利义利观的重要见证。

党的十八大报告强调，中国共产党将根据事情本身的是非曲直决定自己的立场和政策，秉持公道，伸张正义。之后，习近平总书记明确提出在外交工作中要坚持正确义利观。他多次强调，在同发展中国家和周边国家发展关系时要树立正确的"义利观"，政治上坚持正义，秉持公道，道义为先，经济上坚持互利共赢、共同发展。他曾对义利观有过重要论述：义，反映的是我们的一个理念，共产党人、社会主义国家的理念。这个世界上一部分人过得很好，一部分人过得很不好，不是个好现象。真正的快乐幸福是大家共同快乐、共同幸福。我们希望全世界共同发展，特别是希望广大发展中国家加快发展。利，就是要恪守互利共赢原则，不搞我赢你输，要实现双赢。我们有义务对贫穷的国家给予力所能及的帮助，有时甚至要重义轻利、舍利取义，绝不能唯利是图、斤斤计较。

他还强调指出，对周边和发展中国家，一定要坚持正确义利观。只有坚持正确义利观，才能把工作做好、做到人的心里去。政治上要秉持公道正义，坚持平等相待，遵守国际关系基本原则，反对霸权主义和强权政治，反对为一己之私损害他人利益、破坏地区和平稳定。经济上要坚持互利共赢、共同发展。对那些长期对华友好而自身发展任务艰巨的周边和发展中国家，要更多考虑对方利益，不要损人利己、以邻为壑。①

中国是这样说的，也确实是这样做的，并将继续这样做下去。

对于周边中国家，中国将坚持与邻为善、以邻为伴，同周边国家和睦相处、守望相助，深化互利合作，推动互联互通建设，努力使自身发展更好惠及周边国家。在尊重历史和国际法的基础上，通过对话谈判妥善解决历史遗留的领土主权和海洋权益争端。

对于发展中国家，中国将坚持发展与发展中国家的友好关系，努力帮助发展中国家将资源优势转化为发展优势，帮助发展中国家自主发展和可持续发展，帮助发展中国家提升在国际产业链条中的地位，帮助发展中国家形成经济发展的内生动力，提高发展中国家自身的经济"造血功能"。

中国在参与现有全球治理机制和维护国际秩序的过程中，将继续维护国际公平正义，反对霸权主义和强权政治，努力推进国际关系民主化，努力为全球性和地区性问题的解决贡献更多智慧和力量，努力

---

① 参见王毅《坚持正确义利观 积极发挥负责任大国作用——深刻领会习近平同志关于外交工作的重要讲话精神》，《人民日报》2013 年 9 月 10 日。

提升发展中国家在国际事务中的代表性和发言权，努力推动国际秩序朝着更加公正合理的方向发展。

　　如果中国的做法能产生某种程度的示范效应，如果有越来越多的国家读懂中国的义利观，那么各国的行为将更为注重自我节制，国家间关系将变得更为和缓，世界和平也将得以更好地维持。

第四章　中国梦与大国梦："和而不同"

世界各国无论大小，都有本国发展的理想宏图。美国梦以其能够实现个人理想而吸引世界各类人士趋之若鹜。俄罗斯以其"战斗民族"的豪情，孜孜不倦地实施着自己的强国富民梦，而日本则以实现"正常国家"作为自己的梦想。现在我们就把这些国家的梦想在时代背景下展开，解剖一下它们的内核，了解它们与中国梦有哪些共同之处，以便能够求同存异，携手共进，共圆人类和平发展之梦。

第一节　中国梦与美国梦

自中国梦在国家层面被正式提出以来，关于中国梦与美国梦的异同一直是国内外关注的焦点。不可否认，从生成背景、价值支撑、目标诉求、实现路径等方面看，中国梦与美国梦存在明显的不同，但也要看到，无论中国梦还是美国梦，都代表着人们对美好生活的向往，在这一点上，二者又是相容相通的。在现实实践中，中美两国利益融合程度前所未有，相互依赖程度前所未有，只要双方坚持不冲突不对抗、相互尊重、合作共赢的原则，就能够在构建新型大国关系的道路上不断取得进展，就能够共同为维护世界和平和促进人类发展作出重要贡献。

一　中国梦与美国梦的主要差异

中国梦与美国梦的历史纵深不同。中华民族拥有 5000 多年绵延不绝的历史和光辉灿烂的文化，自秦汉至清朝中后期一直保持富强大国地位，无论从版图疆域、经济社会、文化艺术、科学技术等哪个角度看，中华民族都为人类文明发展作出了重要贡献。近代以来，由于内外两方面原因，中华民族经历了奴役剥削、烧杀抢掠、饥寒交迫、尊严丧尽的屈辱史，遭受了重大的历史挫折和灾难。从那时起，全体中国人开始为找到一条救亡图存的道路而苦苦探索，实现中华民族的伟大复兴从那时起就深深嵌入了中国人的潜意识中，成为无数仁人志士以身报国的出发点和落脚点。悠久的历史、灿烂的文化、屈辱的经历，赋予了中国梦特有的历史纵深。这种纵深感体现为：中国梦的参照在过去，立足在当下，指向在未来，有一种历史的厚重与负重感，有一种文化继承与发展的自觉，有一种史诗般的浪漫情怀。

与中国梦不同，美国梦主要指向未来。1620 年，著名的"五月花"号船满载不堪忍受英国国内宗教迫害的清教徒 102 人到达北美大陆，美国梦开始萌芽。没有宗教迫害的"天堂"，给每个人均等的机会，努力奋斗就能实现理想，让所有阶层的公民过上更好、更富裕、更幸福的生活，反对种族歧视等等，体现了美国梦内涵的发展历程。清教徒、林肯的《解放宣言》、亚当斯的《美国的史诗》、马丁·路德·金的《我有一个梦》、罗斯福、里根、比尔·盖茨、乔布斯、奥巴马等构成美国梦的隐喻符号。但总体而言，美国梦主要指向未来，缺乏历史厚重感，少了些历史纵深感。当然也要承认，美国梦的这一特点，也使其没有太强的历史负重感，其浪漫情怀更为轻松和活泼。

中国梦与美国梦的价值支撑不同。中国梦的内涵是实现国家富强、民族振兴、人民幸福，美国梦的内涵是推崇个人权利，崇尚个人成功，强调通过个人奋斗实现自由、民主等价值观。从两者的比较来看，中国梦有浓厚的乡土依恋和民族观念，而美国梦更为侧重个人成功。这与中美两国的历史经历有密切关系。中国人自古生于兹、养于兹，历史传承、防御外敌是民族的共同记忆，尊重历史、尊重先人是民族的共同信念，家国天下是很强烈的天然观念和情怀。美国是一个移民国家，在发展过程中，内有广阔的土地可资开发，外享安全无虞的周边环境，没有太深厚的历史传承，没有太严峻的外部威胁，家国情怀在美国公民心中相对比较淡薄。这些因素决定了，中国梦与美国梦的价值支撑有明显差异。中国梦强调国家富强、民族振兴、人民幸福的有机统一，强调在国家好、民族好中实现个人好。深入到价值层面讲，中国梦不是简单的个体主义或集体主义，而是追求个体与集体的良性互动、互为保障、有机统一，强调的是所有个体人在集体中的自洽性。美国梦的价值支撑相对简单，就是个体至上主义。借助这一极具鼓动性的价值观口号，美国在特定的历史环境下和特定的物质条件下推动了国家的发展壮大，并铸就了自身的辉煌。需要看到，美国梦的价值观底色，只有在广阔土地尚未开垦、国家疆域尚有巨大开拓空间的背景下才能适用，离开这一条件，这一价值逻辑的弊端就会凸显出来。美国梦有一定的扩张性，正是源于这一因素。

中国梦与美国梦的实现路径不同。特定的历史传承、特定的文化积淀、特定的现实条件，决定了中美两国实现梦想路径的差异。中国经过一个半世纪的不懈奋斗和艰辛探索，试过了东西方各种救国、建国、建设方案，终于找到了一条符合中国历史、文化和国情的发展道路——中国特色社会主义道路，这是一个反复试错后的结果，是付出巨大代价和艰辛努力才最终找到的一条适合自身的发展道路。美国走的是一条典型的资本主义发展道路，这条道路以私有制、多党制、三权分立制为特征。中国特色社会主义道路决定了中国在国际关系中有着极为强烈的自我约束力。这种约束力的具体体现就是中国积极倡导的和平、发展、合作、共赢理念。这不是简单的宣传口号，而是来源于中国对自身发展道路的自觉和自信。相反，美国发展壮大的过程，是一个不断扩张的过程，领土扩张、门罗主义、门户开放、价值观推广、"反恐战争"等等，无不带有强烈的对外扩张色彩。

二　中国梦与美国梦的相通之处

虽然中国梦与美国梦有上述诸多不同，但两者在追求美好生活这一点上是相通的，在为人类发展作出贡献这一点上也是一致的。

《美国的史诗》在结尾处谈道，"在这片土地上，存在着这样一种梦想，它让每个人的生活更加美好、富有和充实，依据他的能力或成就给予相应的机会"。习近平总书记在中共十八届一中全会结束后会见中外记者的讲话中则提到，"我们的人民热爱生活，期盼有更好的教育、更稳定的工作、更满意的收入、更可靠的社会保障、更高水平的医疗卫生服务、更舒适的居住条件、更优美的环境，期盼着孩子们能成长得更好、工作得更好、生活得更好。人民对美好生活的向往，就是我们的奋斗目标"。他在十二届全国人大一次会议闭幕式上的讲话中又强调，"生活在我们伟大祖国和伟大时代的中国人民，共同享有人生出彩的机会，共同享有梦想成真的机会，共同享有同祖国和时代一起成长与进步的机会"。如果抛弃标签化的意识形态定见、成见和偏见，客观理性地比较分析两者的特点，可以发现，虽然时代不同、内外环境不同、文化底蕴不同，但中国梦和美国梦的目标追求却是相容相通的。

美国梦宣称是自由民主之梦，经常指责中国梦是集体主义、国家主义、民族主义之梦。然而，回到马克思主义经典作家的文本中，回到中国共产党的党章中，回到中国共产党的十八大报告中，回到中共十八届三中全会《关于全面深化改革若干重大问题的决定》中，回到中国共产党所倡导的社会主义核心价值体系中，我们很容易发现，中国共产党认为"每个人的自由发展是一切人自由发展的前提"，中国共产党认为民主、自由、平等是需要积极倡导的价值观，中国共产党的奋斗目标是实现人民当家作主。中国梦与美国梦的价值观底色虽然确实有所不同，但从本质意义上讲，这种差别也是相对的，美国梦并非不强调国家荣誉，中国梦也绝非不注重对个人权利的保护。因此，中国梦与美国梦的差别不是绝对的，也并非难以相容。

虽然发展道路不同，但中国梦和美国梦都在以自己的方式为人类文明进步作出贡献，都在通过自身实践为世界各国提供可资参考的发展模式。如前文所提，中国先人主张"和而不同"，强调"和实生物，同则不济"、"君子和而不同、小人同而不和"，中国梦与美国梦内涵不同，但可以相互包容，两者的共生共荣，可以丰富人们对人类发展道路的认识，可以为人类发展提供更多的智慧和经验。比如，美国前总统小布什曾在演讲中提到，"人类千万年的历史，最为珍贵的不是令人炫目的科技，不是浩瀚的经典著作，不是政客们天花乱坠的演讲，而是实现了对统治者的驯服，实现了把他们关在笼子里的梦想。因为只有驯服了他们，把他们关起来，才不会害人。我现在就是站在笼子里向你们讲话"。2013年1月22日，习近平总书记在中纪委全会上强调，"要把权力关进制度的笼子里"。两者实际有异曲同工之妙。此外，中国共产党提出的科学发展观，强调人与自然的和谐，强调以融合的视角看待人与自然的关系。这一关于发展的理论认识，一方面展现着中国传统文化智慧的光芒，另一方面也是对人类工业文明弊端的反思和纠偏。这一发展理念带有鲜明的中国特色，但其智慧却具有世界意义，是关于人类可持续发展的重要理论建树，是人类关于发展问题的新的理论认识。有学者提出，改变了世界观也就改变了世界，有学者倡导从哲学层面探索中国梦与美国梦的相通之处，毫无疑问，这一倡议极具积极意义。

三 构建中美新型大国关系是打通中国梦与美国梦的行动实践

随着中国综合国力的不断上升，中美关系将向什么方向发展是当今国际社会的一个热点话题。中美两国能否摆脱历史周期律，能否以和平合作的姿态共同为世界发展作出贡献，各国人民都在观望。中国梦与美国梦将如何互动、对接、通融，各国人民也都在思考。

的确，回顾历史，大国力量发生明显对比的过程往往伴随着战争，那么中国综合国力的上升，是否会带来中美之间大规模的冲突或战争呢？对这一问题的回答，需要认识清楚以下几个方面。

首先，就当前阶段而言，中国经济总量上升至了世界第二位，且按当前发展趋势看与美国的差距在迅速缩小，但是，中美综合国力的差距仍然巨大也是一个不争的事实。中国的高科技、人民生活水平、基本社会保障、社会创新能力等与美国还有非常大的差距。因此，仅以经济总量为标准来判断中美实力差距是不科学的，国际社会有时过高地估计了中国的实力。

其次，当今时代已经发生了巨大的变化。从纵向对比来看，中美两国政治、经济、人文往来的密切程度前所未有，两国相互依赖程度和相互融合程度前所未有，说中美两国形成了你中有我、我中有你的利益交融格局一点都不为过。这种情况决定了，面对各种问题，两国都难以独善其身，唯有走和平合作的道路，才符合两国乃至人类的共同利益。

第三，如果说近代以来大国的崛起，走的都是一条对外扩张的道路，那么中国的崛起则打破了这一规律。改革开放30多年来，中国通过对内改革和对外开放，以和平、内敛的方式实现了跨越式发展。中国走这条发展道路，一方面是中国爱好和平的传统文化在起作用，另一方面是因为在全球化和相互依赖的当今时代，对外扩张的发展道路是绝对行不通的，以对外扩张增强国家实力的时代一去不复返了。

因此，走出"治乱循环"的历史周期律，维持中美关系的长期和平稳定，符合中美两国的共同利益，也符合世界各国人民的利益。

2011年1月胡锦涛访美期间，两国领导人宣布致力于共同建设相互尊重、互利共赢的合作伙伴关系。2012年2月习近平访美期间，提出中美应建立一种"前无古人、后启来者的新型合作伙伴关系"。2012年5月3日，胡锦涛在第四轮中美战略与经济对话开幕式上，就发展中美新型大国关系提出"创新思维、相互信任、平等互谅、积极行动、厚植友谊"的五点构想。2013年6月7—8日，习近平与奥巴马在美国加州安纳伯格庄园，进行了史无前例的"不打领带"的会晤，用三句话定位新型大国关系："不冲突不对抗、相互尊重、合作共赢"。中美两国领导人在摆脱新兴大国与守成大国必将由竞争到冲突到战争这一"大国政治的悲剧"问题上形成了比较坚实的共识。

其实，关于发展中美新型大国关系，中美两国拥有非常深厚的基础条件。当前，两国互为第二大贸易伙伴，金融领域深度依赖，拥有60多种全方位对话机制，在伊朗核、朝核、叙利亚等热点问题上都存在合作关系，中国是在美留学生最大来源国。两国在国际事务中的作用和角色至关重要，以至于以风格强硬著称的美国前国务卿希拉里·克林顿曾坦言，"中美关系不是像敌友那样黑白分明的关系"，"中国和美国无法解决世界上所有的问题，但如果没有我们的合作，就很难解决任何问题"。她声称，"我们在共同树立典范，力争在合作和竞争之间达到一种稳定和彼此都能接受的平衡"。奥巴马曾多次表示美国欢迎中国的和平崛起，并认为，"美中两国可以向世界证明，美中关系的未来不会重蹈覆辙"。

当然，发展中美新型大国关系必然面对诸多的困难，这主要表现在美国对我东海和南海领土、领海及海洋权益问题的介入。这些问题近年来几乎已成为影响中美关系的核心问题。在钓鱼岛问题上，2013年，美国国务卿克里和国防部长哈格尔先后表示，美承认日本对钓鱼岛的管辖权，反对任何单方面改变现状的行动，钓鱼岛适用于美日安保条约。2014年，奥巴马明确表示钓鱼岛适用于美日安保条约，这是美国总统第一次作此明确表态。在南海问题上，美国海军舰艇频繁到访菲律宾，反复举行联合军演，并对中国的政策和行为指手画脚。这些问题又都影响着中美新型大国关系的建设。

习近平主席曾对美国人表示，构建中美新型大国关系，既要有"不到长城非好汉"的决心和信心，又要有"摸石头过河"的耐心和智慧。两国需要共同努力，不断寻求新的利益汇合点，深化各领域交流合作，继续夯实两国关系的物质和人文基础，为人类文明蹚出一条新兴大国与守成大国和平相处的新的道路，实现中国梦与美国梦的相互借鉴和彼此对接，共同为人类文明进步贡献智慧和力量。

第二节 中国梦与俄罗斯梦

俄罗斯作为欧亚大国，孜孜不倦地实施着自己的强国富民梦，中国梦与俄罗斯梦的实现途径尽管有所不同，但是内涵具有相似性，这为两国关系发展提供了动力。

一 绵延不绝的俄罗斯强国富民梦

俄罗斯是个有梦想和使命的国家。对于俄罗斯来说，强国是俄罗斯民族一直孜孜以求的目标。公元 988 年，基辅罗斯大公弗拉基米尔皈依基督教，并宣布基督教为国教。该教宣扬"俄罗斯是上帝特选的民族，……他是各民族的救世主，是负有救世使命和天职的唯一民族"。15 世纪东罗马帝国灭亡后不久，普斯科夫修道院院长菲洛费伊上书莫斯科大公瓦西里三世说："旧罗马的教堂被不信神的异端攻陷了，第二个罗马——君士坦丁堡的教堂被阿加尔人的战斧劈开。现在这里是新的第三罗马——由您统治的神圣使徒的教堂，使宇宙之内，普天之下，永远照耀着阳光……虔诚的沙皇！全部基督教将统一于您。两个罗马已经垮掉，第三罗马屹立着，而第四罗马永远不会有。"这种传统强国思想"使俄罗斯从第三罗马演变成莫斯科王国以后便成为帝国，最后则变为第三国际"。

俄罗斯从彼得一世开始就确立了成为强国的战略目标，随着不断的对外扩张，疆域的不断扩大，俄罗斯的强国意识不断被强化。社会主义时期的苏联宣传"世界革命论"，其实就是实现强国目标和充当领导者的反映。冷战结束后，俄罗斯的国际地位大为下降，但俄罗斯人的强国意识并未消失。1994 年 2 月 24 日，叶利钦在《国情咨文》中提出了"恢复强大的俄国"的目标。1997 年 12 月，叶利钦签署了《俄罗斯联邦国家安全构想》，"恢复大国地位"的国家战略构想正式出台。1998 年 5 月 12 日，叶利钦发表讲话指出，"恢复俄罗斯作为大国应有的地位和作用，增强俄罗斯在国际舞台上的影响"。此次讲话被看成俄罗斯实施恢复大国地位外交战略的一个宣言。普京上台伊始就发表了《千年之交的俄罗斯》，提出了恢复"强国意识"，普京的一句"给我 20 年，还你一个强大的俄罗斯"的豪言壮语，成为其执政兴国的主要圭臬。此后无论是梅德韦杰夫，还是再次荣登总统宝座的普京，都在实践着强国理念。

自普京上台以来，他打击寡头，理顺俄罗斯的政治法律关系，促使国家经济不断实现增长。从 1999 年起，俄经济开始实现恢复性增长，2002 年俄国内生产总值约 3467 亿美元，增长率为 4.3%。1999 年俄罗斯人均 GDP 为 1330 美元，然而到 2013 年按汇率换算竟达到 15000 美元，增长了 11 倍多，一举迈入高收入发达国家的门槛。但是，俄罗斯经济的这种势头遭到双重打击，一是受 2008 年国际金融危机打击，俄罗斯经济大幅下滑，国内生产总值下降超 8.5%。时任俄罗斯总理普京在总结经济形势时表示，"2009 年是最为艰难的一年！虽然 1998 年国家经济也很困难，但当时的危机毕竟是地区性的"，"但这次金融危机是全球性的，根本没有稳定的港湾"。俄罗斯经济还没有从这次打击中恢复，就遭遇了第二次打击。2014 年 2 月，乌克兰发生政权更迭后，俄罗斯于 3 月宣布接受乌克兰的克里米亚为本国领土，引起美国和欧洲的多轮制裁，2014 年年初乌克兰危机以来，欧盟就对俄罗斯采取了全面的制裁措施，禁止大型俄罗斯银行在欧盟国家发放股票或者债券，禁止向俄罗斯出口深海钻井、北冰洋石油勘探以及页岩石油钻井等重要设备，禁止向俄罗斯出口具有潜在军事用处的高科技设备。加上石油价格从每桶 130 多美元下跌到 50 多美元和卢布价格暴跌，俄罗斯经济遭到重挫，2014 年俄 GDP 实际增长率为 0.6%，GDP 为 1.03 万亿美元，俄企业经济数据低迷，长期金融资源匮乏，贷款条件日趋苛刻导致资本投资减少。居民实际收入水平下降，个人贷款增速放慢造成消费下降。普京提出的强国富民梦再次面临着严峻的考验。

二 俄罗斯梦实现潜力巨大

俄罗斯的强国梦依然具有巨大的潜力。首先是其国土面积达 1707.54 万平方公里，位居世界第一，俄资源富集，为经济复兴提供了巨大的潜力。俄人口不到世界的 3%，却拥有全世界面积最大的可耕地。各种资源的储藏量占世界的 22%—28%，俄石油预测储量达 440 亿吨，目前仅探明 73 亿吨，占世界探明储量的 12%—13%，居世界第二位。天然气预测储量 127 万亿立方米，目前探明约 50 万亿立方米，占世界探明储量的 1/3 强，居世界第一位。煤炭预测储量4.45 万亿吨，目前仅探明 1050 亿吨，居世界第二位。铀蕴藏量居世界第七位，预测储量约 100 万吨，目前年产量为 6500 至 7000 吨。森林覆盖面积 8.67 亿公顷，占国土面积 50.7%，居世界第一位。林材蓄积量 807 亿立方米，水力资源居世界第二位。铝蕴藏量居世界第二位，铁蕴藏量居世界第一位，黄金储藏量居世界第四至第五位。工业基础雄厚，部门齐全，以机械、钢铁、冶金、石油、天然气、煤炭、森林工业及化工等为主，纺织、食品、木材和木材加工业也较发达。正因如此，普京在 2003 年 10 月的讲话中说，他毫不怀疑俄 GDP 翻一番的目标能够实现，关键是要有效利用这些"上天的恩赐"。同时，俄基础设施良好，交通发达，铁路长达 8.2 万公里，公路 84 万公里，内河水路 12.3 万公里，石油及石油制品输送管道长达 5 万公里。俄还拥有前苏联的大部分港口，其领土欧洲部分水网密布，具有得天独厚的发展水陆运输的条件。

民众文化素质高，科技水平使其具有成为大国的实力。俄独立后，国家经济衰落导致对教育的投资减少，但俄仍有 96% 以上的人口接受过各种形式的教育。俄提出"依靠高技术振兴俄罗斯经济"和"科技成就是保持俄大国地位的重要保障"等思想，国家加大对科技的扶持力度。俄在微电子、电光绘图新工艺、高温超导、化学、天文物理、超级计算机等方面取得了令世界瞩目的科技成果。在新世纪的科技角逐中，俄仍然是一支不可忽视的力量。

俄军事实力强大。俄军经过多次精简和改组，目前有军队 110 多万。俄在吉尔吉斯设有军事基地，在塔吉克斯坦及其他独联体国家有驻军。目前俄仍然是一个实力仅次于美国的核大国，拥有 3500 多枚洲际核弹头、13 艘核潜艇和 70 架战略核轰炸机。俄科技潜力较大，尽管俄转轨使科技队伍规模大为缩小，人才大量外流，从事科研的后备力量减少，但俄在一些领域依然具有国际水平，与军工相关的高新科技实力雄厚，在火箭、宇航、航空部门、核能、激光工艺、超高频电子、生物和遗传工程，以及计算机软件、通信系统、多媒体技术等领域，保持着较强的竞争优势。2000 年和 2003 年，俄科学家阿尔费罗夫、阿布里科索夫、金茨堡分别获诺贝尔物理学奖。

俄是联合国安理会常任理事国，在当今国际事务中发挥着重要影响和作用。作为一个超级大国的继承国，俄并不满足于做一个地区强国，而是利用各种内外资源，积极推进俄的利益。俄已加入了亚太经合组织，曾成为"G8"集团的成员国，与欧盟建立了国家元首定期磋商制度，并已加入世贸组织。关键是，浓厚的强国意识是俄崛起的不竭动力。俄自彼得大帝时崛起以来，一直活跃在欧洲乃至世界政治舞台上，期间俄虽曾有过混乱和衰落，但很快再度复兴。

三　中国梦与俄罗斯梦的共同之处

普京于 2012 年再次出任俄罗斯总统后，继续致力于其"强国富民"政策。对于中国来说，俄罗斯梦与中国梦有不少相同之处。中国梦的基本内涵是实现国家富强、民族振兴、人民幸福，实现中华民族伟大复兴。俄罗斯梦的内涵同样是实现国家富强，民族复兴。两国民族共同的心理特质都尊崇集体主义，强调爱国主义精神。更为关键的是，两国政治互信不断提高，在国际问题上的协调越来越多，都把对方的发展视为机遇。

2012 年 2 月，普京在《俄罗斯与不断变化的世界》指出，"中国经济的增长绝对不是威胁。我们应该更积极地建立新的合作关系，结合两国的技术和生产能力，开动脑筋，将中国的潜力用于西伯利亚和远东的经济崛起。中国在世界舞台上的行动没有表明该国谋求主导地位。中国在世界上发出的声音确实越来越自信，我们欢迎这一点，因为北京赞同我们对正在形成的平等世界秩序的看法。我们将继续在国际舞台上互相支持，共同解决尖锐的地区和全球问题，加强在联合国安理会、金砖四国、上海合作组织、二十国集团和其他多边机制中的协作。我国同中国的所有政治问题均已得到解决，其中包括主要的勘界问题。俄中两国确立了由法律文件保证的巩固的双边关系机制。两国领导层的互信达到了史无前例的高水平。这有助于我们和中国人在实用主义和互相利益考量的基础上以真正的伙伴关系开展行动。俄中两国所建立的关系模式相当有前景。我主要的思想是：俄罗斯需要一个繁荣而稳定的中国，而中国，我相信，需要一个强大而成功的俄罗斯"。

中国领导人也对此予以积极回应。2013 年 3 月，习近平主席访问俄罗斯，在莫斯科国际关系大学发表演讲中指出，"中俄关系是世界上最重要的一组双边关系，更是最好的一组大国关系。一个高水平、强有力的中俄关系，不仅符合中俄双方利益，也是维护国际战略平衡和世界和平稳定的重要保障。经过双方 20 多年不懈努力，中俄建立起全面战略协作伙伴关系，这种关系充分照顾对方利益和关切，给两国人民带来了实实在在的好处。我们两国彻底解决了历史遗留的边界问题，签署了《中俄睦邻友好合作条约》，为中俄关系长远发展奠定了坚实基础"。

习近平主席还表示，中俄两国互为最大邻国，在国家发展蓝图上有很多契合之处。俄罗斯提出到 2020 年人均国内生产总值将达到或接近发达国家水平的目标，现在正在强国富民的道路上加快前进。"我们衷心祝愿俄罗斯早日实现自己的奋斗目标。一个繁荣强大的俄罗斯，符合中国利益，也有利于亚太与世界和平稳定"。

有了这些决定性的政治承诺，中俄两国在实现彼此的梦想过程中相互扶持，相互帮助，在涉及彼此核心利益问题上给予对方支持。所以，尽管两国国情不同、条件不同。但是双方的合作领域不断扩大，从能源资源向投资、基础设施建设、高技术、金融等领域拓展，从商品进出口向联合研发、联合生产转变。2014 年 5 月，普京总统在访问中国期间签署了一项里程碑式的协议，将由俄罗斯在未来 30 年向中国供应价值 4000 亿美元的天然气。同年双方贸易额达到 952.8 亿美元，中国成为俄罗斯的第一大贸易伙伴，俄罗斯则是中国的第九大贸易伙伴。人文交流不断展开，两国人文合作向更深层次和更广领域发展，显示出中俄关系的巨大发展潜力和广阔发展前景。

第三节　中国梦与日本梦

2014 年 1 月 22 日，日本首相安倍晋三在达沃斯论坛年会上发表演讲时以一战前的英德关系比喻当前的中日关系，表示密切的经贸往来并不能保障双方不发生冲突。安倍晋三自"梅开二度"执掌日本内阁以来，在钓鱼岛频生事端，执意参拜靖国神社、放任历史教科书颠倒黑白，对中国划设防空识别区指手画脚，日本在东亚到底要干什么？日本的政治大国梦想与中国梦又该如何良性互动？

一　政治大国梦与社会右倾化

在 2012 年众议院选举中，日本自民党大获全胜，一举获得 480 个席位中的 294 个，如果加上执政联盟公明党的 31 个席位，自民党执政联盟占据了众议院超过 2/3 的席位。随后，在 2013 年参议院大选中，自民党执政联盟势头延续，拿到 121 个改选议席中的 65 个，公明党拿到 11 个，加上 59 个非改选席位，自民党执政联盟共获得 135 个席位，超过参议院总议席的半数，终结了长达 6 年的"扭曲国会"。从众议院和参议院选举的结果来看，自民党可谓强势回归，取得了压倒性优势。究其原因，这与日本整体右倾化的势头直接相关。

日本政治社会右倾化势头在冷战时期就已萌芽，并随着日本整体国力上升、中日国力对比变化以及美国亚太战略的变化而发展演变。冷战时期，随着经济实力的不断增强，寻求政治大国地位逐渐成为日本的举国目标。早在 20 世纪 80 年代，中曾根康弘就提出"战后经济总决算"的口号，确立了向政治大国迈进的目标，政治大国梦于此滥觞。

近几年来，与日本经济持续低迷形成鲜明对照的是，以中国为代表的新兴发展中国家的实力不断增强。特别是中国，经济总量在 2010 年就已经超越日本，随后保持距离不断拉大的趋势。已经习惯于做"雁型模式"领航者的日本，是不愿意看到这一角色被中国取代的。

同时，中日两国间的此次经济总量易位是日本自甲午海战以来首次被中国超越，并且很有可能是一种不可逆转的超越，这对日本来说无疑是极具冲击力的。特别是日本的经济迹象依然不景气，强化了对日本人的震撼和刺激。这种刺激导致了日本国民心理上的巨大波动和较强的焦虑情绪，需要较长时间的心理调适。

除了以上因素之外，美国的亚太再平衡战略也是日本右翼势力上升的一个重要原因。为维护其全球霸权地位，美国在东亚地区的战略选择是在中日、韩日之间实施战略平衡，从而在中美日、韩美日两个战略三角中寻求以最小的成本博得最大的收益。为达此目的，美国一直以来想达到的战略态势就是中日两国相互牵制，从而使得中国和日本都认为美国相对更为可靠，更值得依赖。如此一来，美国的战略主动性最大，预期战略收益也最为可观。2008 年金融危机之后，美国实力相对有所下降，它想通过更多地借助于日本，既进一步扩大其在东亚地区的影响力，又不至于消耗太多的国力。为此，美国对日本政治右倾持"善意忽视"的态度，期待日本在东亚地区发挥更重要的"挡箭牌"作用。尤其在中国综合国力不断提高的情况下，美国本意就是要加强对中国的牵制和防范，日本的保守和强硬正迎合了美国的战略利益。美国的战略选择为日本右翼势力的上升提供了必要的国际环境，对日本政治社会右倾化趋势起到了推波助澜的作用。

二　修改"和平宪法"，企图解禁集体自卫权

修宪是指修改 1947 年 5 月 3 日生效的《日本国宪法》（又称"和平宪法"），这是在美国太平洋盟军总司令麦克阿瑟主导下制定的一部宪法。和平宪法第 9 条有如下表述："日本国民衷心谋求基于正义与秩序的国际和平，永远放弃以国权发动的战争、武力威胁或武力行使作为解决国际争端的手段"；"为达到前项目的，不保持陆海空军及其他战斗力量，不承认国家的交战权"。修宪这一目标实际是自民党立党的根基，其诞生就与修宪紧密相连。1955 年，原来的自由党和民主党合并成为自由民主党，以试图争取两院的 2/3 多数来实现修宪，

自民党由此诞生。可以说，自民党本就是为修宪而组建的。岸信介执政时期曾想通过解释宪法达到修改宪法的目的。他曾提出，"为了自卫，即使在现行宪法下也允许拥有核武器"。

其实，安倍早在 2013 年 2 月 15 日出席自民党宪法修正推进总部会议时就强调，要将修宪定位为"需解决的重大课题"。这表明了他要在任期内实现"修宪"的强烈意愿。为了加快"修宪"步伐，安倍遵循了"先易后难"的套路。第一步是争取在 2012 年 7 月的参议院选举中争取到 2/3 的席位，为修宪做议员占比的准备，但最终结果是自民党与公明党占比过半但未过 2/3。第二步是先行修改和平宪法第 96 条，降低修宪门槛。日本宪法现行规定是修改宪法需要参、众两院各 2/3 议员赞成，安倍力图将这一规定改为各半数议员赞成。第三步是修改宪法第 9 条，以便把自卫队升格为"国防军"，继而提高国防能力。据称，安倍阵营 2012 年起草的修宪草案中还包括将天皇从"国民象征"改为"国家元首"的内容。

为达上述目的，安倍有意与日本维新会和众人之党进行合作，在参议院选举之后集结修宪势力。2013 年 12 月 18 日，安倍与日本维新会共同代表石原慎太郎进行了会谈，表示愿与支持修宪的党携手努力，这获得了石原的积极回应。不过，安倍遇到的麻烦也不少。自民党执政联盟公明党早已表态，反对现行修改宪法第 96 条，认为应坚持第 9 条中禁止行使集体自卫权的规定。日本维新会两位共同代表桥下彻和石原慎太郎的党内分歧也日益白热化。事实上，即使维新会、众人之党全力支持安倍的修宪举动，三家总票数加起来也未到参议院的 2/3。

因意识到修宪的难度，为防止一无所获，安倍还想出了一种"曲线修宪"的办法，力图通过"修改宪法解释"解禁集体自卫权。根据日本宪法第 9 条，日本放弃以武力作为解决国际争端的手段，即禁止行使集体自卫权。2013 年 2 月 8 日，安倍出席了旨在修改宪法解释以实现允许行使集体自卫权的首次专家会议，就"允许日本自卫队在公海护卫美国舰船时行使集体自卫权"这一方针展开讨论。修改禁止行使集体自卫权的宪法解释，只需内阁作出解读，不需经过法律程序，因此受到日本右翼的欢迎。2014年2月5日，安倍表示，日本目前正面临不可行使集体自卫权的弊端，不过这"可根据政府的判断通过明确新的宪法解释来实现，未必需要修改宪法"。

三　对历史的错误认知使日本难显大国气象

2013年12月26日，安倍晋三在其执政一周年之际参拜了供奉有14名甲级战犯的靖国神社，这是自小泉纯一郎之后第一位参拜靖国神社的日本首相，也是时隔7年零4个月后日本首相再次参拜靖国神社，再次彰显了部分政界人士扭曲的历史观。安倍在2012年参加自民党总裁选举时就曾为自己未能在第一次内阁时期参拜靖国神社感到"痛恨至极"。他也曾不止一次在公开场合声称，靖国神社中供奉了在明治维新、一战和二战中的死者，参拜靖国神社是为了向为国捐躯者表达敬意，参拜时的心情是发誓永不再战，此举无意中伤中韩两国人民的感情，不应成为一个政治和外交问题。此外，安倍还多次表示，甲级战犯在日本国内不是罪犯，战后远东国际军事法庭对甲级战犯的审判是战胜国对战败国的单方面定罪。

日本在对待二战历史的态度上与德国形成了鲜明的反差。1970年12月7日，时任联邦德国总理勃兰特在华沙犹太人殉难纪念碑前下跪，这一忏悔之举赢得了世界的尊重，让东欧和全世界人民看到了"另一种德国人"的形象，成为联邦德国与东欧国家重归于好的道路上一座重要的里程碑，也为联邦德国在1973年加入联合国铺平了道路。正如有些媒体所评论的那样，"勃兰特跪下了，但就从这一刻起，德意志民族在精神上站立了起来，步入了与欧洲和世界各国携手合作、获得国际社会尊重和信任的新时代"。相反，日本历届领导人在这一问题上却总是扭扭捏捏、遮遮掩掩、欲盖弥彰。2013年4月22日，安倍在国会答辩中表示，安倍内阁不会"原封不动"地继承"村山谈话"，并再次强调有意在二战结束70周年的2015年发表新的谈话。次日，安倍发言称，"侵略的定义在学术界和国际上尚未确定"。不过到 5 月 15 日，安倍又表示将"整体继承"村山谈话，并强调自己一次也没说过日本未曾侵略。显而易见，安倍对其之前的言论进行了修正。

无独有偶，安倍对"河野谈话"也一直态度暧昧。据报道，安倍晋三率领的自民党在 2012 年一度将修改"河野谈话"写入竞选纲领，安倍上台后对"河野谈话"也一直态度暧昧。2014 年 2 月 20 日，曾参与"河野谈话"拟定过程的前内阁官房副长官石原信雄出席国会听证会时称，当年日方听取了 16 名韩国前"慰安妇"的证词，但对证词真伪没有进一步验证。2014 年 2 月 24 日，安倍在国会公开表示，验证"河野谈话"机不可失。安倍验证"河野谈话"的目的在于扭转日本在"慰安妇"问题上丑陋的国际形象。但是，此举引起东亚邻国特别是韩国的强烈反应。考虑到韩国的强烈反应，尤其是考虑到想借不久后召开的海牙核国际峰会实现日韩首脑会晤，改善双边关系，安倍在 3 月 14 日又表示不会考虑修改承认日本军队强征"慰安妇"的"河野谈话"。但日本内阁官房长官菅义伟在同一天的答辩中重申，安倍内阁调查"河野谈话"出台过程的计划不会改变。

四　中国梦与日本梦的良性互动需日方释放善意

2006 年安倍首次上任时，正值中日关系因小泉纯一郎坚持参拜靖国神社而跌入的低谷时期。为摆脱日中关系的恶性循环，安倍主动对华释放善意，其访华被称为"破冰之旅"，中日关系也的确因之趋向缓和。时隔 6 年，中日关系因钓鱼岛争端再次跌入低谷，而这次安倍却作出了不同的选择。尚未正式就任，安倍便迫不及待地显示对华的强硬态度，强调日美同盟的重要性，极力显示在钓鱼岛问题上的强硬立场。或许为实现更长时期的执政，安倍的对华态度与其第一次担任首相时相比可谓差距不小。这一方面显示了前面所提到的日本政治的整体右倾趋势，另一方面则显示了日本政客为迎合甚至煽动民意而不惜牺牲长远战略利益的短视行为。

"媚美"、"稳韩"、"拉俄"、"遏华"构成安倍外交的主要底色。

安倍此次就任首相后本想将首访目标定为美国，而对中国却非常强硬。安倍晋三当时表示，奥巴马将于2013年1月举行就职典礼，他可能于新政府稳定后的1月下旬左右访问美国。然而，美方对安倍的访问并不感冒，导致安倍首访美国的意愿并未达到。不过，安倍仍然将其价值观和日本利益作为外交原则，迅速展开对东南亚国家的访问，牵制中国的意味强烈。一年下来，主张"地球仪外交"的安倍共访问了25个国家，其中包括美国和全部东盟十国。安倍一方面修复强化日美同盟，另一方面遍访东盟国家，大力推销所谓"价值观外交"，鼓动东盟在南海主权纠纷中统一口径对抗中国，试图构筑一个"遏华"包围圈。不过，安倍想要得逞也并非易事，东盟国家对安倍想浑水摸鱼的图谋也心知肚明。相反，其"高喊天皇万岁"、"坐上编号'731'的教练机"、"参拜靖国神社"等举动招致了国际社会尤其是东亚国家的很多批评，其要求中国撤回"东海防空识别区"的举动也是自找没趣。

中国的发展是建立在和平的基础上的，虽然美国正在实施亚太再平衡战略，但其战略部署的本质是以攻为守，这一点基本已成学界共识。日本如果一味依赖美国制衡中国，结果只能进一步制造中日之间的不信任和隔阂，不利于两国关系的正常发展。实际上，中美两国关系错综复杂，彼此相互依赖程度非常深，经济的互补性和利益的非零和性都非常突出。美日两国已形成你中有我、我中有你而又同床异梦的关系模式。为自身利益考虑，美国不会为了日本而彻底与中国翻脸。日本一方面想通过加强日美同盟以牵制中国，另一方面想在强化日美同盟关系的基础上改善日中关系，这种"如意算盘"根本不具有可行性。毕竟，中国的发展不是靠战争，不是靠掠夺，也不是靠拉帮结派，而是靠专注解决国内问题，专注发展国内经济，美日等国真假难辨的所谓"围堵"中国，很难取得实质性效用。其结果只能是无谓地浪费自身的钱财，自废武功。正如瑞士媒体所质疑的那样，蜘蛛网能困住一条龙吗？答案显而易见。

说到底，中国梦与日本政治大国梦的良性互动，取决于日方。日本政治家需要学会引导和释放国内民族主义情绪的积极作用，抑制和削弱其消极作用。如果任由民族主义情绪肆意滋生甚至泛滥，不仅不会为社会前进提供动力，相反会对地区和平与稳定造成潜在威胁。有远见的政治家不应为拉选票而一味地迎合甚至煽动民族主义情绪。因为，只有以冷静和理性审慎地处理中日关系，才是实现两国关系走向健康轨道的唯一选择，也唯有如此，中国梦与日本政治大国梦才能相通相容，才能共同为地区人民谋福。

第五章　中国梦与周边国家梦：
"邻里互助"

中国与周边国家都面临着实现发展的紧迫任务，相同的历史命运将彼此紧密相连。从根本上说，中国梦与周边国家的梦想一脉相通。中国始终坚持睦邻友好政策，愿意与周边国家"邻里互助"，深化全方位务实合作，让各国人民共享安宁、幸福的美好生活。

第一节　中国与周边国家共同的发展诉求

从词汇学的角度而言，周边的意涵是指"周围"。顾名思义，周边国家是指某一个国家四周的邻国，包含陆地接壤和海域相连的国家。这一解释，是人们惯常对周边国家概念的理解。按照此说，中国的周边国家所指范围相当明确。从陆地角度而言，中国的邻国有哈萨克斯坦、吉尔吉斯斯坦、塔吉克斯坦、阿富汗、巴基斯坦、不丹、尼泊尔、印度、缅甸、越南、老挝、朝鲜、蒙古、俄罗斯等。从海洋角度而言，中国海域相连的邻国有韩国、日本、菲律宾、印度尼西亚、文莱、马来西亚等。上述国家连在一起，就大体上从中亚、南亚、东南亚、东北亚等方向构成了中国的周边地缘环境。

伴随全球化的快速推进，国家利益的辐射区日益穿越领土边界，国与国关系不再受地理因素的阻隔。无论距离远近，各国之间都存在千丝万缕的联系。正因如此，周边国家的概念不断被重新注解，超越传统意义上的"邻国"范畴。学术界的一种观点认为，"周边"是相对于一个国家的战略纵深地带而言，是指"与国家战略利益高度相关、国家力量可以控制和辐射的边境地区，与外部国家或力量直接相邻或关联的环陆海空间以及此空间中多种政治、经济、文化、军事、地理环境等要素的相互联系与组合。"① 按照此观点，周边国家的内涵大为拓展，外延也随之扩大。地理毗邻，不再是确定周边国家范围的必然要素。这样一来，就出现了狭义和广义的两个"周边"概念。狭义的周边，可谓"小周边"，就是传统意义上的周边概念。广义的周边，可谓"大周边"。如果从大周边的概念来讲，中国的周边国家不仅仅是指陆地邻国和海域相连的国家，诸如与中国并不直接相连的伊朗等西亚国家和澳大利亚、新西兰等南太平洋国家都是广泛意义上的周边国家。本文所指的周边国家，主要是就中国周边的亚洲陆海邻国而言，但也涵盖领土没有直接相连的邻近国家，包括泰国、新加坡等。

　　亚洲是当今世界最具活力的地区之一，经济规模约占全球的1/3，人口共约40多亿，劳动力资源充足，市场空间广阔，发展潜力巨大。2015年，亚洲新兴经济体平均经济增速达到6.5%，对全球经济增长贡献率约为44%。亚洲的地区发展水平很不平衡，除日本等极少数国家外，绝大多数国家仍处于发展中阶段，人均国内生产总值偏低。资料显示，亚洲还有7亿多人民生活在国际贫困线以下。环顾中国周边，基本上属于发展中家聚集带。总的来看，中国的周边国家正处于经济社会发展的成长期，改善民生的任务十分艰巨。各国无一例外地把发展作为首要任务，努力实现国家振兴和人民幸福的美好梦想。比如，韩国首位女总统朴槿惠就职以后，将经济振兴、国民幸福和文化繁荣作为执政理念的三大支柱，以此为国民开创一个全新的充满希望的幸福时代。俄罗斯正在大力开发远东地区，努力实现该地的跨越式发展，改变全国东西部发展严重失衡的现状。印度自独立以后，就把争做一个有声有色的大国，作为本国矢志不移的梦想追求。2014

---

① 参见冯绍雷、封帅《中国周边安全的新认知：特点、功能与趋势》，载《国际安全研究》2013年第2期，第35页。

年 5 月，印度人民党以绝对优势赢得大选，重新上台执政。分析普遍认为，人民党此番胜出，主要得益于该党领导人莫迪在治理经济方面富有经验，多数印度选民对其推动国家发展寄予厚望。当前，孟加拉国的贫困率居高，人均国内生产总值刚刚突破 1000 美元。为了实现富强梦，政府制定的发展目标是将经济增长率在 2017 年提升至 10%，最终到 2021 年完全消除贫困。

改革开放以来，中国经济保持了快速增长，综合国力显著提升。然而，发展中不平衡、不协调、不可持续的问题依然突出，经济结构调整的压力与日俱增，正处于"爬坡过坎"的关键期。时至今日，中国还有大约 7000 万的贫困人口，面临的发展任务仍然艰巨。当前，中国区域发展不平衡的问题十分突出。东南沿海地区率先实现发展，经济社会发展程度已达到较高水平，而幅员辽阔的内陆沿边地区总体上依旧处于相对落后状态。众所周知，改革开放是中国实现发展的动力源泉。过去，中国取得的巨大发展成就来自改革开放。未来，全面深化改革，扩大对外开放是中国经济社会保持可持续发展，实现中华民族伟大复兴的中国梦的必由之路。今后一段时期，中国发展的潜力在内陆沿边地区。党的十八大报告强调，创新开放模式，促进沿海内陆沿边开放优势互补，形成引领国际经济合作和竞争的开放区域，培育带动区域发展的开放高地。中国扩大对外开放，构建开放型经济新体制，首先是要从周边地区开始推进。

历史上，中国与周边国家荣辱相依、休戚与共。周边地区，历来在中国外交战略中居于首要位置。"亲仁善邻，国之宝也"。中国始终奉行"与邻为善，以邻为伴"的周边外交方针，追求安邻、睦邻、富邻的政策目标。2013 年 10 月，新中国成立以来的首次周边外交工作座谈会对未来 5—10 年的周边外交工作作出了全面规划与部署。国家主席习近平强调，"无论从地理方位、自然环境还是相互关系看，周边对我国都具有极为重要的战略意义"，因此"要积极运筹外交全局，突出周边在我国发展大局和外交全局中的重要作用"。习近平主席指出，"我国周边外交的战略目标，就是服从和服务于实现'两个一百年'奋斗目标、实现中华民族伟大复兴,全面发展同周边国家的关系,巩固睦邻友好,深化互利合作,维护和用好我国发展的重要战略机遇期,维护国家主权、安全、发展利益,努力使周边同我国政治关系更加友好、经济纽带更加牢固、安全合作更加深化、人文联系更加紧密"。①

一枝独放不是春,百花齐放春满园。中国愿意与周边国家分享发展机遇,实现经济优势互补,相互促进各自的发展。随着中国经济实力的壮大,对外投资能力同步增强。地理邻近、产业梯度对接、劳动力成本低廉等诸多优势,正使周边国家日益成为中国对外投资的重要开拓地,也是中国企业"走出去"的理想目的地。统计数据显示,周边国家吸收了30%以上的中国对外投资。来自中国的投资,很大程度上促进了周边国家的发展,带动了基础设施的显著改善,增加了大量的就业岗位。迄今,中国已成为绝大多数周边国家最主要的贸易对象国、最大的出口市场和重要的投资来源国。事实证明,中国的发展给周边国家带来的是机遇,而不是挑战。

当前,中国同周边国家的发展诉求高度契合,相同的命运将彼此紧紧连接在一起。诚如孟加拉国总理哈西娜所言,孟加拉人民的富强梦,与中国人民的"两个一百年"的奋斗目标异曲同工,都反映了两国人民对未来的信心和期许。作为亚洲大家庭的一员,中国将践行"亲、诚、惠、容"理念,努力从双边和多边层面推进同周边国家的合作,做到优势互补,携手共同发展。中国将继续致力于编织同周边国家更加紧密的共同利益网络,把双方利益融合提升到更高水平,既让周边国家得益于中国发展,也使中国从周边国家共同发展中获得助益,把中国梦同周边各国人民过上美好生活的梦想对接起来,让命运共同体意识在周边国家落地生根。

---

① 习近平:"让命运共同体意识在周边国家落地生根",http://news.xinhuanet.com/2013-10/25/c_117878944.htm

第二节　中国梦对接周边国家梦想的路径

为了把中国梦与周边国家人民过上美好生活的梦想完美对接起来，构建周边命运共同体，中国提出了一系列重大的周边合作倡议。这些重大倡议的提出，将助推命运共同体意识率先在周边落地生根，促进中国与周边国家经济要素有序自由流动，优化资源配置，实现共同发展。

一　推进沿边对外开放

沿边省份与周边国家直接相连，是中国加强与周边合作的排头兵和急先锋。党的十八届三中全会通过的《中共中央关于全面深化改革若干重大问题的决定》明确指出，加快沿边开放步伐，允许沿边重点口岸、边境城市、经济合作区在人员往来、加工物流、旅游等方面实行特殊方式和政策。① 2013 年底，国务院出台《关于加快沿边地区开发开放的若干意见》，旨在指导沿边对外开放工作有序快速推进。2016 年初，国务院印发《关于支持沿边重点地区开发开放若干政策措施的意见》，为进一步促进沿边地区的全面发展和对外开放提供了政策指导。

云南和广西是中国面向南亚和东南亚开放的主要阵地。云南毗邻缅甸、越南、老挝，是我国重要的西南门户。当前，在大湄公河次区域经济合作（GMS）机制框架下，该省正不断提升与邻近国家的互利合作水平，瞄准"加快建设面向西南开放重要桥头堡"的方向而努力，力争成为中国西南地区的重要经济增长极。广西与越南水陆相连，千余公里的陆地边境线成为日渐繁荣的中越边贸合作带，北部湾经济区建设如火如荼。每年在广西南宁举办的中国—东盟博览会和中

---

① 参见《中共中央关于全面深化改革若干重大问题的决定》，人民出版社 2013 年版，第 28 页。

国—东盟商务与投资峰会，已成为中国同东南亚国家扩展经贸合作的重要平台。广西正在抓住中国—东盟自由贸易区升级的历史契机，借助沿海沿边的独特优势，全面加快对外开放步伐，扮演好中国面向东盟开放新高地的角色。2013 年 11 月，中国宣布启动云南和广西两个省区的沿边（边境）金融综合改革试验区，为提升两地的对外开放水平再添助力。目前，沿边（边境）金融综合改革试验区建设已取得阶段性成果。2014 年 4 月，中国—东盟货币业务中心在广西东兴市正式启动，首次实现人民币与越南盾的直接兑换，有力促进了区域投资贸易便利化。

黑龙江、吉林、辽宁三省是中国与东北亚国家直接相连的省份，是面向东北亚开放的前沿阵地。"扩大内陆沿边开放"的号角吹响后，东北地区加快了对外开放合作的步伐。2013 年 12 月，作为中国第一条欧亚大陆桥的起点，以及中俄边境线上唯一的综合保税区，黑龙江省绥芬河市正式获准成为中国首个使用卢布的试点市，同时也是中国首个外币使用特区。绥芬河堪称对外开放的黄金枢纽，通过该口岸东向可与俄罗斯、日本、韩国等国相连，西向则可经俄罗斯西伯利亚地区直达大西洋沿岸的欧洲国家。图们江发源于长白山，是中国由陆路进入日本海的通道。该地区属于中俄朝三国接壤地带，是面向东北亚开放的窗口地带。珲春隶属吉林省延边朝鲜自治州，位于图们江下游地区，不但与俄罗斯、朝鲜接壤，而且通过水路与韩国、日本联通，距离海参崴最近处不到 30 公里。2016 年 3 月，珲春国际合作示范区口岸通关中心正式运行，可实现一次报关、一次查验、一次放行的"三个一"综合查验，大幅提升区域贸易便利化水平。目前，中、俄、日、韩四国图们江区域重点城市已建立政府首长联席会议合作机制。东北地区提升沿边开放水平，将有助于促进东北老工业基地振兴，完善国家区域开放格局，深化与俄罗斯、朝鲜、韩国、日本等东北亚国家的互利合作。

内蒙古毗邻俄罗斯和蒙古国，边境线长达 4221 公里，占全国陆地边境线的 19.2%。当前，内蒙古正抓住国家扩大沿边开放的历史机遇，依托口岸优势，提升通关水平，不断加大与俄蒙两国的经贸合作力度，积极参与中蒙俄经济走廊建设，构建以能源、贸易、旅游等为特色产业的沿边开放新格局，成为中国向北开放的重要桥头堡。

随着西部大开发战略的实施，拥有 5600 公里边境线的新疆已由陆地边陲变为开放前沿。新疆共与 8 个国家毗邻，现有 17 个陆地开放口岸，建有公路、铁路、航空、管道连接欧亚的立体化交通网络，成为中国面向中亚、南亚、西亚各国制造业出口的重要阵地。统计数据显示，2015 年新疆外贸进出口额约为 196 亿美元。目前，霍尔果斯和喀什两个国家级特殊经济开发区已从单纯的边境口岸城市，发展成为中国与中亚国家经贸合作圈的双圆点。新疆还计划在乌鲁木齐、喀什、库尔勒等地筹建区域性国际商贸中心和商品集散地，大力建设适应国际采购、国际中转、国际配送要求的国际物流体系，瞄准建设"丝绸之路经济带"核心区、撬动欧亚经济合作支点的方向快步迈进。

基于邻近国家的不同情况，中国的沿边开放正呈现出各具特色的多样化特征。多样化意味着个体性和特殊性，但这并不等于某一区域的跨境合作与国家范围内的周边合作割裂开来。各个区域的沿边对外开放应当相互补充，避免盲目建设，需要融入国家总体规划当中，共同构建中国全面的周边合作新格局。

二　加快周边互联互通

亚洲大部分国家的基础设施落后，各国之间的联通性不强，制约地区合作的步伐，是地区一体化进程中面临的重大瓶颈问题。党的十八届三中全会通过的《中共中央关于全面深化改革若干重大问题的决定》指出，建立开放性金融机构，加快同周边国家和区域基础设施互联互通建设。[①] 早在 2009 年的时候，中国就曾向东盟提议创建一个规模为 100 亿美元的中国—东盟投资合作基金，用于双方基础设施、能

---

① 参见《中共中央关于全面深化改革若干重大问题的决定》，人民出版社 2013 年版，第 28 页。

源资源和信息通信等领域重大投资合作项目。到 2011 年之时，中国又提出成立中国—东盟互联互通合作委员会的倡议，加快推进中国与东南亚国家的互联互通。其中，铁路、公路、航空等交通设施是互联互通的重点。2016 年 3 月，尼泊尔总理奥利访华，与中国领导人举行会谈。在两国发表的《中华人民共和国和尼泊尔联合声明》中明确表示，双方愿加强互联互通，进一步加强两国陆路和航空联系，改善中尼间陆路交通基础设施。

当前，中国正在大力完善基础设施建设，加快与周边国家互联互通的步伐。2013 年 8 月，一度关闭的中俄珲春—马哈林诺铁路恢复通车。2014 年 2 月，中俄第一座跨界铁路桥同江—下列宁斯阔耶铁路大桥正式开工，建成后年过货能力达 2100 万吨。2014 年 6 月，兰新铁路第二双线新疆段进行动态联调联试，标志新疆迈入高铁时代。该铁路投入运营，将大大提升中国与中亚、欧洲等地区的铁路运输能力，有力助推"丝绸之路经济带"建设。作为面向西南开放的重要桥头堡，云南正加快建设外接东南亚、南亚和印度洋沿岸国家，内连西南及东中部腹地的综合交通体系、能源管网、物流通道和通信设施建设，从而将该省打造成中国连接东南亚和南亚国家的陆路交通枢纽。2012 年 12 月，由中国、老挝、泰国共同建设的昆明至曼谷公路的跨湄公河大桥合龙，标志着全长 1800 多公里的昆曼公路全线贯通，成为中国陆路连接东南亚国家的一条重要交通大动脉。2015 年 12 月，中老铁路老挝段破土动工和中泰铁路合作项目正式启动，为泛亚铁路网建设打下坚实基础。

加快中国同周边国家的互联互通，广建基础设施，离不开巨额资金支撑。由于中国和周边国家的整体发展水平仍然不高，地区互联互通建设所需的资金缺口庞大。鉴此，2013 年 10 月中国政府倡议建立亚洲基础设施投资银行（简称亚投行），支持亚洲国家基础设施和其他生产性领域的建设。按照规划，亚投行的注册资本金规模初步定为 1000 亿美元，由各个成员国分期缴纳完成。历时两年多的筹备，拥有 57 个创始成员国的亚投行于 2016 年 1 月正式开业运行。专家指出，作为亚洲互联互通融资平台，亚投行主要开展基础设施的相关业务，而现有的世界银行、亚洲开发银行等机构则主要侧重减贫，彼此之间不会存在业务上的冲突，而将会是一种相互补充的关系。

可以预见，随着互联互通的加快进行，一张四通八达的涵盖陆海空的国际物流网和人员交流网将会呈现在亚太地区。

三　推进区域自由贸易区建设

推动贸易自由化和投资便利化，是当今世界各国实现互利共赢的必然要求。在全球自贸区迅速发展的推动下，中国正不断加快以周边为始点的自贸区建设步伐。党的十八届三中全会通过的《中共中央关于全面深化改革若干重大问题的决定》指出，坚持世界贸易体制规则，坚持双边、多边、区域次区域开放合作，扩大同各国各地区利益汇合点，以周边为基础加快实施自由贸易区战略。改革市场准入、海关监管、检验检疫等管理体制，加快环境保护、投资保护、政府采购、电子商务等新议题谈判，形成面向全球的高标准自由贸易区网络。① 2013 年，亚洲区内贸易规模从 10 年前的 1 万亿美元扩大到 3 万亿美元，占区域各国贸易总量的比例从 30% 上升到 50%。然而，同欧盟和北美自由贸易区相比，亚洲的区域合作水平仍显滞后。为推动地区经济一体化建设，中国正在积极参与一系列同周边国家的自贸区谈判。

1. 打造中国—东盟自贸区升级版

新世纪以来，中国同东盟各国的合作飞速发展，创造了互利合作的"黄金十年"。2010 年，中国—东盟自由贸易区宣告成立，极大促进了双方贸易自由化和投资便利化。2013 年，中国政府提出打造中国—东盟自由贸易区升级版的倡议，创造新的"钻石十年"。该倡议主张双方应进一步降低关税，削减非关税措施，积极开展新一批服务

---

① 参见《中共中央关于全面深化改革若干重大问题的决定》，人民出版社 2013 年版，第 27 页。

贸易承诺谈判，推动投资领域的实质性开放，力争 2020 年双边贸易
额达到 1 万亿美元，新增双向投资 1500 亿美元。中国支持东盟发展
壮大，支持东盟在区域合作中发挥主导作用。中国认为，一个更加紧
密的中国—东盟命运共同体，符合求和平、谋发展、促合作、图共赢
的时代潮流，具有广阔发展空间和巨大发展潜力。2014 年 11 月，中
国政府又发起一项倡议，探讨在中国—东盟（10＋1）框架下建立澜
沧江—湄公河对话合作机制。经过一年多的沟通协商，首次澜沧江—
湄公河合作（简称澜湄合作）领导人会议于 2016 年 3 月在中国海南
举行。中国和柬埔寨、老挝、缅甸、泰国、越南联合发表《澜沧江—
湄公河合作首次领导人会议三亚宣言》，表示六国开展澜湄合作有利
于促进沿岸各国经济社会发展，增进各国人民福祉，缩小本区域国家
发展差距，支持东盟共同体建设，并推动落实联合国 2030 年可持续
发展议程，促进南南合作。

2. 推进中日韩自由贸易区谈判

2013 年 3 月，中日韩自由贸易区首轮谈判正式启动。早在 2002
年，中国就向日韩两国提议建立三国自贸区。10 多年来，由于中日
关系和韩日关系的跌宕起伏，自贸区谈判历经坎坷，迟迟未能取得实
质进展。作为东亚最重要的三个经济体，中日韩建立自贸区，不但有
利于三国之间的经贸合作，也有利于促进地区的和平与发展。资料显
示，中日韩三国人口占世界的 22%，经济总量占世界的 20%，贸易
额占世界的 20%。如果顺利建成，将会给三国发展带来可观的助推作
用，促进商品、劳动、资本等生产要素的自由流动，优化各国产业结
构优化，提升优势互补水平。同时，也将为地区经济一体化建设创造
条件。遗憾的是，日本当局近来顽固坚持右倾化道路，在历史认知等
问题上不断伤害中韩等邻国人民的感情，严重侵蚀了东亚合作的政治
基础。在此背景下，中韩自贸区谈判率先取得突破。2015 年 6 月，中
韩两国签署自贸协定，正式启动自贸区建设。有分析认为，中韩自贸
区的尘埃落定，将在一定程度上推动中日韩自贸区谈判。

3. 参与"区域全面经济伙伴关系协定"谈判

2012 年 11 月，中国、东盟十国，以及澳大利亚、印度、日本、韩国、新西兰共 16 个国家共同启动"区域全面经济伙伴关系协定"（RCEP）谈判，这标志着东亚经济一体化迈出了极为关键的一步。该机制将是亚洲国家参与成员最多，也是规模最大的区域贸易安排，涵盖约 35 亿人口，国内生产总值之和高达 23 万亿美元，大约占全球总额的 1/3。各国希望通过谈判达成一个全面、高质量、互惠的区域自由贸易协定，加强彼此间的经济合作，推动区域经济稳定均衡增长。根据规划，该协定的内容将主要涵盖货物贸易、服务贸易、投资和经济技术合作等广泛领域，并将在其中设立开放准入条款。2013 年初，谈判工作正式开始，迄今已举行多轮谈判。由于存在较大的分歧，原定于 2015 年结束的谈判未能如期收官。目前，有关国家正在积极协商，力争于 2016 年底达成协定。

四　落实"一带一路"倡议

1. 丝绸之路经济带

2013 年 9 月，中国国家主席习近平在出访中亚期间，提出与沿线国家共同建设"丝绸之路经济带"的倡议。"丝绸之路经济带"覆盖的人口总量近 30 亿，市场规模和潜力独一无二，各国在贸易和投资领域合作潜力巨大。历史上，古老的丝绸之路曾是中外友好交往、互通有无的重要通道，为东西方文化的交流作出过重要贡献。时代发展到 21 世纪，沿途各国人民需要用创新的合作模式，共同建设"丝绸之路经济带"，以点带面、从线到片，逐步形成区域大合作。

2. 21 世纪"海上丝绸之路"

2013 年 10 月，中国国家主席习近平访问东南亚时提出了建设 21 世纪"海上丝绸之路"的构想。海上丝绸之路最早出现于秦汉时期，与横亘欧亚大陆的陆上丝绸之路齐名。"舟舶继路，商使交属"的海路贸易，同"驼铃阵阵，大漠孤烟"的陆上贸易交相辉映，共同谱写了古代中国同各国友好往来的璀璨篇章。自古以来，东南亚地区就是

"海上丝绸之路"的重要枢纽，中国愿同东盟国家加强海上合作，使用好中国政府设立的中国—东盟海上合作基金，发展好海洋合作伙伴关系，共同建设 21 世纪"海上丝绸之路"。

"一带一路"倡议虽是中国与周边国家的合作构想，但其范围不止于此。"丝绸之路经济带"的终端在欧洲，跨越东亚、中亚、西亚、南亚、东欧直至西欧的广阔地带，绘就了欧亚合作的美好蓝图。"海上丝绸之路"则是促进中国与包括东南亚国家在内的世界各国海洋贸易的发展，其范围更广，涉及亚洲、欧洲、非洲等地区。2015 年 3 月，《推动共建丝绸之路经济带和 21 世纪海上丝绸之路的愿景与行动》文件对外发布，标志着"一带一路"建设全面启动。各国需要以政策沟通、设施联通、贸易畅通、资金融通和民心相通为主要内容，实现优势互补，深化互利合作。我们有理由相信，随着"一带一路"倡议的逐步落实，古老的丝绸之路必将在 21 世纪焕发出新的生机与活力。

五　搞好两廊建设

1. 中巴经济走廊

2013 年 5 月，中国国务院总理李克强选择印巴两国为首访国。访巴期间，李克强总理提出建设中巴经济走廊的倡议。中巴经济走廊建设涉及面广，涵盖瓜达尔港、能源、交通基础设施、产业等各个领域。该走廊建设旨在进一步加强中巴互联互通，深化双方互利合作水平，促进两国共同发展，特别是带动巴基斯坦经济发展，改善当地的基础设施，提升民众的生活水平。2014 年 2 月，巴基斯坦总统侯赛因访华期间，与中国领导人举行会晤，双方同意加速推进中巴经济走廊建设。2015 年 4 月，中国国家主席习近平对巴基斯坦成功进行国事访问，为双边关系发展注入新的活力。中巴双方一致决定，将两国关系提升为全天候战略合作伙伴关系，有力保障了中巴经济走廊建设顺利向前推进。统计显示，近年中巴贸易额呈现连年稳定增长的态势，2015 年突破 170 亿美元大关。自巴基斯坦 2013—2014 财年以来，中国已连续两年位居该国吸引外资排行榜之首，投资存量已超过 36 亿美元。有分析认为，中巴经济走廊建设项目的陆续启动，有望推动巴基斯坦经济进入快速发展的时期。

2. 孟中印缅经济走廊

2013 年 5 月，李克强总理访问印度期间，提出建设孟中印缅经济走廊的倡议。这一倡议提出以后，已经得到印度、孟加拉国、缅甸三国的积极响应。该倡议对深化中国同上述三个国家的睦邻友好合作关系，促进东亚、南亚和东南亚三大板块的区域合作有着重大意义。20 世纪 90 年代末，中国学术界曾倡导建立"中印孟缅"地区合作机制。1999 年，首届孟中印缅地区经济合作论坛在昆明召开。由于种种限制，该论坛只是一个松散的四方对话平台，未能成为务实合作机制。随着时代的发展，中国与孟印缅三国的合作日渐加强，迫切需要一个各方均可参与的合作平台。资料显示，中国与孟印缅贸易额已从 2000 年的 44.53 亿美元上升到 2012 年的 818.95 亿美元。正是在这种背景下，中国政府提出建设孟中印缅经济走廊的倡议，使之由学术界的设想上升为国家间的合作规划。该经济走廊涵盖孟加拉国、中国西南地区、印度东北地区、缅甸，整体上属于贫困落后地带。孟中印缅四国加快互联互通，深化互利合作，有望打造新的地区增长极。

两大走廊位于"一带一路"倡议的衔接带，具有重大的战略价值。本着先行先试的原则，两廊建设率先取得进展，将有助于探索新时期中国与周边国家合作的崭新模式，起到互利合作的示范效应，进而有力带动"一带一路"倡议的顺利落实。

第三节　中国梦对接周边国家梦想面临的主要挑战

知之非艰，行之维艰。在共同圆梦的道路上，中国与周边国家还面临诸多不容忽视的挑战。这些挑战因素，既有现实的，也有未来的，既有有形的，也有无形的。无论是何种因素，都增添了对接梦想的难度。

一　地区环境复杂多样

中国的周边环境极为复杂，每个国家的情况千差万别。近代以来，亚洲整体落后于欧美国家。在东亚地区，除了日本成功进行现代化转型之外，中国周边各国之间的发展水平大同小异。二战结束以后，中国周边各国的历史境遇有着天壤之别，呈现出分流发展的基本态势。极少数的国家已步入发达国家行列，多数国家还处于发展中国家的阶段，也有一些国家正处于政治过渡转型期，甚至个别国家的温饱问题迄今尚未得到解决。虽然同为亚洲国家，但彼此又存在价值观、社会制度等方面的明显差异，民族构成、宗教信仰、语言文化等方面同样具有显著的多样化特征。

由于历史和现实因素的相互交织，亚洲国家普遍缺少信任，甚至相互猜忌，彼此防范的心理较为强烈。各国之间的矛盾根深蒂固，存在难以调和的对立情绪。在东北亚地区，朝鲜半岛至今处于分裂状态，朝韩两国上空不时弥漫敌对氛围。在南亚地区，印度和巴基斯坦两国恩怨难解，双方关系因克什米尔争端等问题时紧时缓。正因如此，亚洲地区一体化水平长期滞后，难与欧洲一体化并驾齐驱。不可否认，战略互信的缺失，还困扰着中国与周边国家建立更加密切的合作关系。总之，周边环境复杂多样，增加了中国深化与邻国全方位合作的难度。

二　周边国家对中国发展存有忧虑

2010 年，中国国内生产总值超越日本，跃居世界第二大经济体。鉴于中国庞大的经济总量和在地区的重大影响力，其一举一动都会受到周边国家的关注。与中国的快速发展形成鲜明对比，日本则长期陷入发展停滞状态，经济社会问题交织。中日力量对比发生逆转，日本国内充斥着强烈的失落感和不适应感，右倾保守思潮不断蔓延。对于中国继续保持稳定发展这一现状，日本感觉如芒在背，担心进一步失去在东亚占据的优势位置。故而日本屡次制造事端，挑战中国的和平发展。其他中小型的周边国家，历来对大国心存畏惧，认为大国会危及其生存和发展。中国国力的日渐增强，使得这些国家对中国未来如何与之相处忧心忡忡。西方国家出于遏华的考量，大肆渲染"中国威胁论"，到处散播一个强大的中国将会对其邻国构成威胁的论调。自中国梦提出以后，引起了周边国家的热议，并从不同角度对其做了解读。有调查研究表明，中亚国家对中国梦的阐释以正面为主，西亚国家舆论相对中立，东北亚、东南亚和南亚国家则存在不同程度的"中国威胁论"声音，尤其对"强军梦"提出质疑。①

历史上，中国曾同周边一些国家建立了朝贡体系。作为宗主国，中国向周边藩属国授予统治合法性的认可，并给予适度的安全保障，但通常不会干预各国的内部事务。与此同时，周边国家则承认中国当时的封建王朝"君临天下"的神圣地位，并定期向其提供贡物。近代以后，随着亚洲面临西方世界的严重冲击，特别是中国日渐衰落，这一松散的东亚等级体系逐渐走向解体。由于历史记忆，周边国家对中国的发展壮大的恐慌难消，担忧会被纳入一个新的朝贡体系之中。近年来，个别国家趁中国尚未完全实现民族伟大复兴，倚仗外部势力的支持，激化同中国的领土领海争端，试图阻遏中国的和平崛起。

三　各类安全威胁相互交织

在中国周边地区，传统安全威胁和非传统安全威胁纵横交错，地缘安全环境极为复杂，使中国参与周边合作面临极为不利的因素。

在中国西部方向，阿富汗和巴基斯坦两国安全形势堪忧。阿富汗战争以后，该国局势连年动荡不安，迟迟未能平静。目前，塔利班困兽犹斗，地方武装盘踞，中央政府难以有效统治。阿富汗的毒品走私活动猖獗，成为国际贩毒网络的一大输出地。阿富汗局势充满不确定性，外溢效应不断扩散，波及邻近地区稳定。巴基斯坦的安全局势同样不容乐观，恐怖袭击事件时有发生。2016 年 3 月，巴基斯坦第二大城市拉合尔遭遇自杀式炸弹袭击，造成上百人伤亡。这一事件的发生，凸显该国反恐任重道远。阿富汗和巴基斯坦动荡不安，危及中国西部安全，影响中巴经济走廊等重大合作项目的顺利推进。

在中国西北方向，中亚国家安全局势不容乐观。以"恐怖主义、分裂主义、极端主义"为代表的"三股势力"在中亚地区异常活跃，气焰嚣张，严重威胁地区的和平与稳定。2004 年前后，中亚国家曾发生"颜色革命"，冲击地区局势。2010 年底，西亚北非爆发剧变浪潮，外溢效应扩散到中亚，该地区稳定面临新的挑战。叙利亚内乱久拖不决，极端恐怖组织"伊斯兰国"不断制造事端，恐怖势力和影响日渐向外围蔓延，西亚和中亚地区的安全风险增大，"丝绸之路经济带"建设面临严峻的安全隐患。

在中国东部方向，日本走右倾化道路破坏东亚稳定的基础。日本右翼势力抬头，否认侵略历史曾经给邻国人民带来的极大灾难。执政当局一意孤行坚持修改和平宪法，解禁集体自卫权，挑战二战后确立的国际秩序。日本拒不承认中日之间存在钓鱼岛争端，强化日美同盟，想方设法拉拢其他国家，构筑反华包围圈。中日两国的船只在钓鱼岛附近海域巡逻，双方军机在东海上空近距离接触，一旦擦枪走火，后果不堪设想。中日关系迟迟无法改善，东亚局势存在安全隐忧，滞缓地区合作步伐。

在中国东南方向，南海主权争端日渐升温。一些东南亚的南海岛屿声称拒绝中国提出的"搁置争议、共同开发"的合理主张，试图将双边争端国际化、复杂化，加剧了解决问题的难度。近期，菲律宾、越南相继挑起同中国的领海岛屿主权争端，打破了南海上空相对平静的氛围。由于海洋权益纠纷的激化，中国与个别东南亚国家的关系紧张，致使建设 21 世纪"海上丝绸之路"面临不容小觑的挑战。

在中国东北方向，朝鲜核问题久拖不决严重干扰地区稳定。20 世纪 90 年代中期前后，朝鲜半岛南北分裂依然的情况下，朝鲜核问题又浮出水面。进入 21 世纪以后，为推动半岛无核化进程，维护地区稳定局势，中国倡议发起"六方会谈"。这一机制的建立，搭建了朝鲜与国际社会对话的平台。然而遗憾的是，六方会谈最终因有关国家之间的立场分歧难以消弭，陷入事实上的停滞状态。朝鲜核问题不时发酵，加上美朝敌对和朝韩对立，以及朝鲜国内政局走向叵测，东北亚安全局势的发展存在诸多不确定因素。

此外，中国周边一些国家正值政治转型期，社会稳定的基础脆弱。近年，缅甸由军政府向多党议会民主制过渡，国内政治经济社会改革全面启动，未来发展存在诸多变数。泰国采用西方民主制度，国内政治多年未能稳定，社会长期不安。由于联系日渐密切，传导效应加快，周边国家有任何风吹草动，都有可能波及中国，影响国内政治社会稳定。不容忽视的是，跨国犯罪，毒品走私、水资源争端、疾病传播等非传统安全问题在中国周边地区层出不穷。

总体而言，周边安全形势错综复杂，充满不利因素，导致中国提出的诸多周边合作倡议面临安全挑战，也对中国在邻国的投资和人员安全构成现实威胁，同时还对中国国内稳定构成潜在冲击。

四　域外国家染指亚洲事务

近年，美国推出亚太"再平衡"战略，从政治、经济、军事、文化等方面全方位增进在亚太地区的存在感。一是巩固同日本、韩国的同盟关系，提升与菲律宾、新加坡、澳大利亚等国的伙伴关系，加大与印度、越南的合作力度，解冻与缅甸的关系，插手柬埔寨大选，千方百计在中国周边打楔子，制造麻烦；二是主导"跨太平洋经济伙伴关系协定"（TPP）谈判，试图打造一个将中国排除在外的高标准自由贸易协定联盟，削弱中国在亚太地区的经济影响力；三是试图在日韩两国部署导弹防御系统，频繁与亚洲盟友和伙伴国举行军事演习，提升联合作战水平，不遗余力拼凑亚洲版"北约"。美国深度介入亚洲事务，明里暗里怂恿个别国家激化同中国的领土领海争端，搅乱地区稳定局势，严重侵蚀中国与周边国家合作的基础。

第四节　中国梦如何顺畅对接周边国家的梦想

"青山遮不住，毕竟东流去"。面对前方道路上的种种挑战，中国与周边国家不会停止携手圆梦的脚步。中国将与周边国家共同努力，克服各种困难险阻，推动合作之舟扬帆起航，驶向共同实现发展梦的彼岸。

一　倡导基于平等基础上的互利合作

近代以来，绝大多数的亚洲国家沦为西方的殖民地半殖民地，备受列强欺凌。独立以后，广大的亚洲人民倍加珍视来之不易的国家主权，民族自尊心极强。特别是在地区合作过程中，亚洲中小国家十分看重自身的存在感。它们担心本国不能在其中扮演重要角色，只能充当大国的附属，从而无法有效维护自身的国家利益。中国应当在相互尊重、完全平等的基础上，引领周边国家广泛参与地区互利合作，坚持任何一个国家不论贫富大小，都是地区互利合作的平等参与者，地区发展成果的共同享有者。

"履不必同，期于适足；治不必同，期于利民"。世界上不存在放之四海而皆准的发展模式，也没有哪一种模式是一成不变的。中国与周边国家选择的发展道路不同，与绝大多数国家存在社会制度差异，但这些不应成为发展关系的阻碍。同为亚洲国家，中国与周边国家承担着相似的发展任务，面临着类似的挑战。中国需要与周边国家加强治国理政经验交流，相互学习，相互借鉴，取长补短，共同促进彼此应对风险挑战的能力，提升国家治理水平。比如，由于国情和历史境遇的不同，每个国家都逐渐形成了有自身特色的发展观，有的侧重经济增长，有的则突出社会发展，还有的强调人文发展等等。双方加强治国理政经验交流，有助于增进彼此之间的理解和信任，减少战略猜忌。

二　践行新亚洲安全观

亚洲各国战略互信的基础薄弱，一些国家甚至还存在这样或那样的争端，妨碍地区合作的深入开展。如果各国坚持以邻为壑的陈旧安全观，大搞军备竞赛，势必陷入无法摆脱的"安全困境"。只有摒弃旧有的安全观念，遵守符合时代发展要求的新安全观，才能建设一个和平、稳定、合作的新亚洲。2014年5月20—21日，第四次"亚洲相互协作与信任措施会议"（简称"亚信会议"）在中国上海举行，本次会议的主题为"加强对话、信任与协作，共建和平、稳定与合作的新亚洲"。中国领导人在会议发言时指出，"形势在发展，时代在进步。要跟上时代前进步伐，就不能身体已进入21世纪，而脑袋还停留在冷战思维、零和博弈的旧时代。我们认为，应该积极倡导共同、综合、合作、可持续的亚洲安全观，创新安全理念，搭建地区安全和合作新架构，努力走出一条共建、共享、共赢的亚洲安全之路。"①

以新亚洲安全观为指导，亚洲国家应当建立有效管控分歧和争端的机制，避免突发事件扩大化。中国历来主张，愿意与相关国家通过对话方式解决争端，妥善处理彼此分歧，避免采取导致局势复杂化的措施，共同维护地区稳定的大局。2013年10月，中越两国政府决定成立海上共同开发磋商工作组，中印签署边防合作协议，显示出中国愿与有关方面管控分歧的诚意。目前，由于日本单方面的不断挑衅，中日关系陷入僵局。中方一再重申，双方应在四个政治文件的基础上，妥善处理历史和钓鱼岛问题，消除两国关系发展的障碍。作为导致中日关系出现倒退的完全责任方，日方应当采取切实行动，为双边关系的改善创造条件。南海上空风云激荡，牵动着地区稳定的敏感神经。中国政府多次强调，保持南海的和平稳定符合包括中国在内的周

---

① "习近平在亚洲相互协作与信任措施会议第四次峰会上的讲话"，http://news.xinhuanet.com/politics/2014-05/21/c_1110796357.htm。

边国家的共同利益，反对将有关争端复杂化、国际化，中方愿在《南海各方行为宣言》（DOC）框架下，与东南亚国家稳妥推进《南海行为准则》（COC）磋商进程，共同维护南海的和平稳定和航行自由，将南海打造成为和平之海、友谊之海、合作之海。

中国积极参与地区安全机制建设，倡议建立亚洲执法安全合作论坛、亚洲安全应急中心等机构，深化同周边各国安全领域的合作，协调应对重大突发事件。中国不断加大与俄罗斯和中亚国家的安全合作力度，共同支持上海合作组织在打击"三股势力"、维护地区稳定、促进地区发展方面发挥更大作用。作为阿富汗近邻，中国真诚希望看到一个团结、稳定、发展、友善的阿富汗，始终积极支持"阿人所有、阿人主导"的和平重建进程，推动该国局势朝着稳定的方向发展。2014 年 8 月，中国承办阿富汗问题伊斯坦布尔进程第四次外长会议。中国正用实际行动表明，自身真心实意地维护地区稳定与和平。

总之，朋友可以选择，邻居却无法挑选。中国坚持走和平发展道路，周边国家也需要走和平发展道路。唯有相向而行，才能实现和平共处，共同发展。中国绝不会做以大欺小之事，但也不会坐视一些国家无理取闹，不会拿核心利益做交易，不会吞下损害国家主权、安全、发展利益的苦果。中国愿同周边国家一道从点滴做起，逐步累积互信，消除信任赤字，尊重彼此的核心利益和重大关切。各国可以从敏感度低的非传统安全领域做起，深化在防灾救灾、网络安全、打击跨国犯罪、联合执法等方面的合作，营造和平稳定的地区家园。

三　秉持开放包容理念

"海纳百川，有容乃大"。中国在区域合作方面坚持开放包容理念，从不排斥和拒绝域外国家参与亚洲地区合作，不搞亚洲版的"门罗主义"。尽管中国是诸多周边合作机制的倡导者，但不谋求地区事务主导权，也不会寻求势力范围，更不妨碍既有的多边合作机制。中国认为，不同区域合作机制之间不应彼此排斥，而是需要融洽相处，相互补台，联动发展，共唱互利合作的大戏。欧洲是古丝绸之路的终点，同样是"丝绸之路经济带"建设不可或缺的重要参与方。2014年3月，中欧发表的《中欧联合声明》指出，双方决定共同挖掘丝绸之路经济带与欧盟政策的契合点，探讨在丝绸之路经济带沿线开展合作。当前，中国正在积极参与 RCEP 谈判。RCEP 具有较强的包容性，是对既有自贸区的高度整合，不排斥其他区域贸易安排。针对美国主导的 TPP 谈判，中国明确表示持开放态度，认为 RCEP 和 TPP 应成为世界贸易组织主导下的全球多边贸易体制的重要补充，两者可以并行不悖、相互促进，共同推动区域和全球贸易的发展。

中国加强同周边国家的合作，有一个无法回避的现实就是美国力量的存在。亚太是美国政治、经济、安全利益最为集中的地区之一，在其全球战略部署中具有举足轻重的地位。"合则两利，斗则两伤"。中国一再强调，太平洋足够大，容得下中美两国。今后，中美双方应当按照"不冲突、不对抗、相互尊重、合作共赢"的要求，构建新型大国关系，打破历史上既有大国和新兴大国不能和平共处的宿命。亚太是中美两国利益交织最为密集的区域，中美两国需要在这一地区加强合作，减少摩擦，将其作为构建新型大国关系的试验田。

四　重视同周边国家的"软联通"

国之交在于民相亲，民相亲在于心相通。夯实的民意基础，是务实合作的坚强软支撑。中国要增强"换位思考"意识，理解周边中小国家对自身发展壮大的担忧，需要以高度耐心去"排忧解难"，坚决杜绝与周边国家交往时骄傲自大和盛气凌人的做派。通过扩大与周边国家的人文交流，广交朋友，广结善缘，以诚感人、以心暖人、以情动人，加深中国人民同周边国家人民之间的感情，增进民间友好与信任。

鉴于中国梦被一些周边国家误读，因此需要改进国际传播方式，客观真实地阐释中国梦，让周边国家准确认知中国梦的内涵，消除误解，增进理解，营造中国与周边国家的友好合作氛围。中国梦，不是霸权梦，更不是"天朝上国"梦。归根到底，中国梦就是实现中华民族伟大复兴的梦想，建设一个富强、民主、文明、和谐的社会主义现代化国家的梦想。实现中华民族的伟大复兴，不意味着中国要走历史上封建王朝走过的道路，重建新的朝贡体系。中国的先贤曾说过，"己所不欲，勿施于人"。中华民族经受了百年屈辱，深知维护国家主权所具有的无比重要的意义，绝不做侵犯别国正当权益之事。中国政府郑重宣示，中国不谋求地区霸权和势力范围，不排挤任何国家，中国的繁荣发展和长治久安对周边邻国是机遇而不是威胁。① 中国的睦邻友好政策不是权宜之计，也不是缓兵之计，而是将一以贯之的长期战略。

在对外解读中国梦的过程中，需要着重阐明中国人民实现中国梦不会妨碍周边国家人民实现自身的梦想，二者之间不是相互排斥的关系。恰恰相反，中国梦的实现，为周边国家人民更好地圆梦提供了机遇之窗。一个繁荣稳定的中国，带给周边国家的是福音。1997 年，金融风暴袭击亚洲，东南亚国家遭受惨重损失。彼时，中国顶住重重压力，坚持人民币不贬值，力挺东南亚国家渡过难关，彰显一个负责任大国的胸怀和气度。这一举动，就是中国与周边国家风雨同舟的有力证明。讲好这类中国故事，传播好中国的声音，才能赢得周边国家人民对中国梦的理解与支持。

第五节　中国梦对接周边国家梦想的前景展望

"潮平两岸阔，风正一帆悬"。当前，中国梦与周边国家梦想对接的成果已在显现，互利共赢的合作愈加深化。中国与周边国家未来发展的美好蓝图，正在"邻里互助"下逐渐变为现实。

2015 年，中国企业在"一带一路"沿线 49 个国家进行的直接投资额接近 150 亿美元，同比增长约 18%，其中大部分投资流向了新加坡、哈萨克斯坦、老挝、印尼和俄罗斯等周边国家。到 2020 年，中国与东盟国家的贸易额估计能达到 1 万亿美元，中俄贸易额则可能达

---

① 参见《中国的和平发展白皮书》，http：//news. xinhuanet. com/politics/2011 - 09/06/c_ 121982103_ 3. htm。

到 2000 亿美元。未来 5 年，中国将进口 10 万亿美元的商品，对外投资超过 5000 亿美元，出境游客约 5 亿人次。"近水楼台先得月"。毋庸置疑，中国的周边国家将率先从中受益。按照目前 30% 的吸纳能力，周边国家可能吸引超过 1500 亿美元的中国对外投资。可以断言，中国经济增长对周边国家发展的拉动作用将越来越明显。

亚洲曾经创造了璀璨的人类文明，取得了辉煌的发展成果，在世界范围内长期处于领先地位。近代以来，亚洲积贫积弱，日渐落伍于时代的发展。面对西方国家的船坚炮利，亚洲国家纷纷沦为殖民地半殖民地，遭受了屈辱不堪的命运。争取民族独立，实现人民解放，成为无数亚洲仁人志士前赴后继的奋斗目标。摆脱殖民压迫以后，建设一个繁荣幸福安宁的家园，又成为亚洲人民矢志不移的集体追求。历史启示我们，如果亚洲四分五裂，就会给域外国家插手亚洲事务提供可乘之机，结果就是亚洲陷入无休止的内耗之中，最终延误发展良机。亚洲国家唯有团结合作才能自强，舍此别无他途。一个繁荣稳定的中国，不会对任何国家构成威胁。中国政府多次郑重声明，将始终秉承自强不息、开拓进取、开放包容、同舟共济的"亚洲精神"，永做亚洲其他国家的好邻居、好朋友、好伙伴。[1]

随着中国提出的一系列重大周边合作倡议付诸实施，中国与周边国家的合作空间将会更为广阔，区域经济发展会迈上新台阶，21 世纪将会真正变成"亚洲的世纪"。早在 20 世纪 80 年代，邓小平同志就明确指出，"中印两国不发展起来就不是亚洲世纪。真正的亚太世纪或亚洲世纪，是要等到中国、印度和其他一些邻国发展起来，才算到来"。[2]"亲望亲好，邻望邻好"。中国梦，既是中国人民实现民族伟大复兴的梦想，又与周边国家人民过上美好生活的梦想息息相通。中国人民在实现中国梦的征程中，愿和周边国家人民携手圆梦，共建一个和平、繁荣的亚洲。

---

① 参见《中国的和平发展白皮书》，http：//news. xinhuanet. com/politics/2011 – 09/06/c_ 121982103_ 3. htm。

② 《邓小平文选》（第三卷），人民出版社 1993 年版，第 282 页。

第六章　中国梦与发展中国家梦：
"相互借重"

　　找到适合自身的可持续发展道路，实现国强民富，是每个发展中国家共同的梦想。中国改革开放 30 多年来经济快速发展，经济规模跃居世界第二。可以说，中国比历史上任何时期都更接近实现中华民族伟大复兴的梦想。实践证明，"华盛顿共识"并不适合仍处于较低发展水平的发展中国家，而中国的发展经验则为广大发展中国家提供了有益借鉴。中国梦与发展中国家梦想"相互借重"，中国将始终重视与发展中国家的经贸、外交关系，重视以各种形式为其他发展中国家提高自身能力建设提供支持，并将与其他发展中国家共同努力，推动建立公正、合理、有效的国际政治经济新秩序。

第一节　中国梦不是"新殖民主义"之梦

一　中国与发展中国家的深厚传统友谊

　　经过 30 多年的高速发展，中国已成为世界第二大经济体，同时也是世界上最大的发展中国家。长期以来，中国注重保持与发展中国家的友好关系，与广大发展中国家结下了传统的深厚友谊。巩固和加强同广大发展中国家的友好合作，是中国对外政策的重要内容，对维护中国国家安全、提升国际经济政治地位，发挥了重要作用，已成为中国外交战略最重要的资产和我国外交工作的基石。

　　首先，中国与发展中国家的团结合作有着坚实的基础。推动与发展中国家的关系是中国外交的传统。中国作为发展中国家的一员，同广大发展中国家有着类似的命运和遭遇，在国际社会中面临着相同的挑战。这成为中国推动与发展中国家关系的重要基础。正如毛泽东所说，中国恢复联合国的席位，是发展中国家"把中国抬进去"的。正因为这个基础，中国才得以在冷战时期从容地应对复杂的国际形势和外交局面。党的十八大报告指出，中国将"加强同广大发展中国家的团结合作，共同维护发展中国家正当权益，支持扩大发展中国家在国际事务中的代表性和发言权，永远做发展中国家的可靠朋友和真诚伙伴"。这表明了中国进一步深化同广大发展中国家团结合作的真诚愿望和坚定决心，为新形势下中国同发展中国家关系的进一步发展开辟了更加光明的前景。

中国同发展中国家的团结合作有着坚实基础。中国和广大第三世界国家一样，在西方资本主义列强争夺世界资源和市场的历史进程中，成为被凌辱和被侵略的对象。这种类似的遭遇使中国在二战后世界范围内发生的反帝反殖民争取民族独立和解放的浪潮中，必定支持处于极端弱势地位的亚非拉国家。长期以来，中国同广大发展中国家在争取民族独立、推动国家发展进步的事业中相互支持、相互帮助。中国坚定支持发展中国家反帝、反殖民主义的正义斗争，向发展中国家提供力所能及的无私援助。广大发展中国家坚定支持中国维护国家主权、捍卫民族尊严，在维护发展中国家正当权益的进程中与中国并肩战斗。

中国通过经济援助支持发展中国家经济建设。建国初期，尽管中国自身存在着巨大的困难，国内经济发展几乎陷于停滞，但中国仍然给予了发展中国家难以想象的经济援助，如向亚非国家提供各种形式的援建，派出医疗队和工程人员，建设著名的坦赞铁路等等。这些援助为中国与发展中国家的关系打下了长远发展的深厚基础。正因如此，随着中国国际竞争力的不断提升，中国在国际社会中推行的外交政策得到了广大发展中国家的有力支持。发展中国家在现有国际体系中仍处于弱势地位，目前仍有2/3的人生活在发展中国家，而且南北差距在扩大。发展中国家中有一些国家已发展为新兴经济体，但内部的贫富差距也在拉大。中国积极推动南南合作，为缩小发展不平衡贡献力量。在金融危机影响世界经济的背景下，中国积极采取措施，为世界经济复苏贡献力量，同时也在为整个发展中国家谋求经济发展的机遇。

其次，中国与发展中国家构建新型平等互利的国际关系。中国加强同发展中国家的团结合作顺应时代潮流。当前，新兴市场国家和发展中国家整体实力增强。中国同广大发展中国家深化相互合作，有利于推动国际力量对比继续朝着相对均衡的方向发展，有利于推动建立公正合理的国际政治经济新秩序。尽管中国经济社会发展取得了长足进步，经济总量已位居世界第二，但中国是世界上最大发展中国家的国际地位没有变。新形势下，中国与广大发展中国家的共同利益不仅没有削弱，而且进一步加强，双方深化合作面临更加广阔的空间。

中国始终是发展中国家的可靠朋友。中国绝不走西方殖民主义的老路，绝不把自己的意志强加于人，绝不称霸。中国坚持同发展中国家相互尊重、平等相待，充分尊重各国人民自主选择社会制度和发展道路的权利。中国将继续通过各种形式加强与发展中国家的磋商和协调，促进发展中国家整体团结，维护发展中国家整体利益，推动国际关系民主化。中国将继续积极呼吁，并同国际社会一道，争取增加新兴市场国家和发展中国家在处理国际事务中的代表性和发言权，推动建立公平、合理的国际贸易体系和更加平等均衡的新型全球发展伙伴关系，推进全球经济治理体系改革进程。

中国永远做发展中国家的真诚伙伴。不管国际风云如何变幻，中国将始终致力于加强同发展中国家的传统友谊和互利合作，继续向发展中国家提供力所能及的援助，支持发展中国家增强自主发展能力。中国将进一步拓宽同发展中国家的合作领域，探索新的合作方式，不断提升合作质量和水平，促进同发展中国家的共同发展，努力使发展成果更多地惠及广大发展中国家及其人民。中国将积极同发展中国家开展多层次、多形式的交流互动，加强在教育、文化、科技、卫生、体育、旅游等领域的交往，密切双方新闻媒体、学术机构、民间组织、青年的联系，进一步夯实双方合作的民意基础，为双方深化交流合作营造有利的舆论环境。

进入新世纪以来，中国和发展中国家已发展成一种相互支持、平等互利、共同发展的新型国际关系。上海合作组织、中国—东盟领导人会议、中非合作论坛等已成为中国与发展中国家加强政治互信、深化务实合作、促进多边交流的重要平台。这些正式和非正式的峰会，促进了各国领导人之间的会晤。中国与中亚国家政治互信不断加深。中印关系在不断增强互信的基础上稳步向前发展，两国关系的意义已超越双边范畴。中国与拉美国家的关系也在不断深化，双方分享着巨大的长期、根本利益。通过联合国、国际经济组织和地区合作机制，中国已经成为维护拉美和平稳定的重要力量。中国和非洲正进一步密切各领域合作，正如习近平主席所说，中国人民正致力于实现中华民族伟大复兴的中国梦，非洲人民正致力于实现联合自强、发展振兴的非洲梦。在新的历史时期，携手实现中国梦和非洲梦，不仅是中非双方的需要，更是人类和平与发展的需要。相信在中国同广大发展中国家的共同努力下，双方必将更加紧密地加强团结合作，推动相互关系再上新台阶。

二　中国与发展中国家发挥各自比较优势

从比较优势理论的发展来谈。"比较优势"源于古典国际贸易理论。英国古典经济学家大卫·李嘉图发展了现代经济学之父——亚当·斯密的绝对优势理论，于1817年在其代表作《政治经济学及赋税原理》中，提出了国际贸易的比较优势理论。按照李嘉图的论述，各国生产产品的劳动生产率差异导致了不同国家生产同一种产品的机会成本差异。这种差异就是比较优势。

生产产品的比较优势是贸易产生的原因。按照比较优势理论，即使一国所有产品的劳动生产率均比另外一国高，两国之间也可以进行国际贸易。具有优势的一国可以集中资源生产相对优势较大的产品，处于劣势的一国可以集中资源生产相对劣势较小的产品。按照这种模式参与国际分工，进行产品交换，两国均比没有发生国际贸易时消费的产品更多，通过国际贸易实现了社会福利的提高。简单来说，就是"两利相权取其重，两弊相权取其轻"。

受当时社会环境影响，李嘉图的比较优势理论存在诸多局限。如仅考虑到一种生产要素，即劳动。然而，现实社会除了劳动，仍有多种重要的生产要素，如资本、技术、土地、资源、企业家精神等等。在多种要素存在的情形下，李嘉图的比较优势理论在解释现实世界贸易产生的原因时就出现了不可避免的困难。

对李嘉图理论的批评导致了国际贸易理论的进一步发展。其中，最有影响的当属两位瑞典学者赫克歇尔、俄林（Heckscher-Ohlin）提出的"要素禀赋理论"。赫克歇尔和他的学生俄林发现，即使两国劳动生产率相同，两国的要素禀赋结构可能存在显著差异。这种要素禀赋结构上的差异就是现代国际贸易产生的重要原因。按照赫克歇尔—俄林的理论，假设两个国家使用劳动和资本两种生产要素生产两种产品，劳动力相对丰富的国家应集中资源生产并出口劳动力密集型的产品，资本相对丰富的国家，应集中资源生产并出口资本密集型产品。按照这种模式分工并参与国际贸易，两个国家都会获得社会福利水平的提高。一般来说，我们今天所说的比较优势理论基本上就是以赫克歇尔—俄林理论为基础的。

通过南南合作发挥各自的比较优势。发展中国家地域辽阔、资源丰富、人口占世界人口80%以上，市场潜力大，发展模式各具特色，相互之间合作空间巨大。南南合作是发展中国家发挥各自比较优势、团结互助、实现共同发展的重要途径。近年来发展中国家整体实力提高，南南合作前景更加广阔，成为国际发展合作中重要而不可缺少的组成部分。中国作为发展中国家，与南方国家在经济、科技、教育和文化等各方面开展广泛而深入的合作，对一些有困难的发展中国家提供了力所能及的帮助。

中国开展南南合作，始终以谋求共同发展为宗旨，真心实意帮助伙伴国增强自主发展能力、改善民生，并深化中国与伙伴国的互利合作。中国在南南合作中与合作伙伴平等相待。作为发展中国家，中国受益于国际发展合作及国际社会的援助。作为受援国，中国深切地认识到平等互惠等原则的重要性。因此在南南合作中中国重视伙伴国的经济利益，尊重伙伴国主权，并始终奉行不干涉伙伴国内政的原则。这也是中国对外合作受欢迎的重要原因。

尊重合作伙伴的现实需求。中国在南南合作中高度重视伙伴国的需求，充分发挥伙伴国的自主性，根据他们的需求设计规划援助及经济合作项目。

通过合作增强合作伙伴自主发展能力。"授人以鱼不如授人以渔"。中国在南南合作中重视帮助伙伴国建立完整的国民经济体系，加强能力建设，增加经济发展的内生动力。中国为伙伴国援建工农业生产和重大基础设施项目、技术示范中心，提供各类物资援助，鼓励中国企业投资，通过减免关税等举措增加进口，积极提供人力资源培训。

通过合作改善社会民生。推动发展中国家民生事业发展，是中国对外援助的首要目标。中国的南南合作中很大一部分用于伙伴国的民生事业，如援建医院、学校、供水灌溉系统等。中国还成立了中国国际扶贫中心，与其他发展中国家分享减贫经验，帮助他们实现联合国千年发展目标。

多双边相互结合促进南南合作。双边渠道是中国开展南南合作的传统方式。近年来，中国不断加强多边框架下的南南合作。中国通过向国际货币基金组织增资，为最不发达国家的经济社会发展提供资金支持。中国多次向世界粮食计划署捐款，帮助发展中国家发展农业，减少贫困和饥饿。中国与巴西、印度、俄罗斯、南非四国建立了金砖国家合作机制，与东盟国家共建中国—东盟自由贸易区。通过丝绸之路经济带和21世纪海上丝绸之路建设，中国加强与周边国家的互联互通，打造周边国家命运共同体。这些都是中国参与多边领域南南合作的最新举措。

三 中国对发展中国家援助不附带任何政治条件

中国作为世界上最大的发展中国家，多年来在致力于自身发展的同时，始终坚持向其他经济困难的发展中国家提供力所能及的援助，承担相应国际责任和义务。中国是世界上最大的发展中国家，人口多、底子薄、经济发展不平衡。经济可持续发展仍然是中国长期面临的艰巨任务，这决定了中国的对外援助属于南南合作范畴，是发展中国家间的相互帮助。中国对外援助坚持平等互利，注重实效，与时俱进，不附带任何政治条件，形成了具有自身特色的模式。不管国际形势如何变化，中国始终将以下几点作为对发展中国家援助的主要内容：

以提高发展中国家自主发展能力作为援助的首要目标。实践证明，一国的持续发展主要依靠自身的力量。中国在提供对外援助时，注重为受援对象国培养本土人才和技术力量，帮助受援国建设基础设施，开发利用本国资源，挖掘比较优势，为其经济健康发展打好基础，使其逐步走上自力更生、自助发展的道路。

中国对发展中国家的援助始终不附带任何政治条件。中国坚持和平共处五项原则，坚信各国能够探索出适合本国国情的发展道路，尊重各受援国自主选择发展道路和模式的权利，绝不把提供援助作为干涉他国内政、谋求政治特权的手段。

中国对发展中国家的援助以平等互利、共同发展为基础。中国坚持把对外援助视为发展中国家之间的相互帮助，注意实际效果，照顾对方利益，通过开展与其他发展中国家的经济技术合作，实现共同发展，促进双边友好关系和互利共赢。

中国对发展中国家的援助坚持量力而行、尽力而为。在援助规模，中国从自身国情出发，依据国力提供力所能及的援助。在对外援助的方式上，中国最大限度地结合受援国的实际需要，注重充分发挥各自的比较优势。

中国对发展中国家的援助坚持与时俱进、改革创新。中国对外援助顺应国内外形势发展变化，注重总结经验，创新对外援助方式，及时调整改革管理机制，不断提高对外援助工作水平。

被视为发展中国家之间的相互帮助的中国对外援助，其宗旨是帮助受援国提高自主发展的能力。中国对外援助的重点是低收入发展中国家，援助项目主要集中在工业、农业、教育、医疗卫生、基础设施等民生和经济社会发展等领域。中国对外援助资金配置灵活，项目方式多种多样，以尽量满足受援国多样化的发展要求。同时，中国还保持开放式的对外援助，坚持与时俱进、改革创新。中国的对外援助对帮助其他发展中国家改善社会经济发展条件，提高自主发展的能力，增加就业和收入，消除贫困，都产生了积极的作用。同时，这也促进了中国与其他发展中国家的友好关系和互利互赢。

中国对外援助政策体现了鲜明的时代特征，符合自身国情和受援国发展需要。20世纪60年代中国提出的对外援助八项原则，从一开始就是中国对外援助遵循的基本方针，并在实践中不断丰富、完善和发展。在新形势下，中国对外援助事业仍然任重道远。中国政府将着力优化对外援助结构，提高对外援助质量，进一步增强受援国自主发展能力，提高援助的针对性和实效性。中国将一如既往地推进南南合作，在经济不断发展的基础上逐步加大对外援助投入，与世界各国一道，推动实现联合国千年发展目标，为建设持久和平、共同繁荣的和谐世界而不懈努力。

第二节　中国与发展中国家共探可持续发展之路

实践表明，发达国家开出的"华盛顿共识"的药方，并不符合发展中国家的实际。过早过快的自由化容易增加市场的脆弱性，也不利于经济社会稳定。而中国在保持稳定的基础上引入市场机制的渐进式改革，为发展中国家寻找适合自身的发展道路的做法提供了可参考的经验。中国将继续通过技术转让、项目合作、资金援助等方式支持和帮助发展中国家将各自的比较优势与发展潜力，尽快地、恰当地转化为现实的发展能力。

一　中国帮助发展中国家提高在全球产业链中的地位

国际产业技术转移的重要理论基础是产品或技术"生命周期"理论。该理论认为，发达国家具有资本、技术和研发优势，新的技术和产品一般是在发达国家首先研发成功，并满足了国内需求。由于前期研发成本较高，产品的价格水平往往较高。发展中国家较低的消费水平难以承受新产品较高的价格水平。此时，新产品在发展中国家市场较小。随着产品和技术趋向成熟并进入标准化阶段，产品生产成本和价格水平逐渐下降，产品的生产则转移到发展中国家。与产品和技术的这种生命周期相适应，国际贸易首先是从发达国家向发展中国家输出新产品，然后改变成从发展中国家向发达国家输出成熟的和标准化的产品。

根据产品和技术的"生命周期"理论，中国劳动密集型产业向海外逐步转移符合历史和经济规律。近年来，随着经济的快速增长和产业升级，中国劳动力成本逐渐上升。老年抚养比不断上升使人口结构发生变化，人口红利逐渐消失。简单的劳动密集型产业在国内的生产优势逐渐消失。虽然我国东、中、西部的工资水平存在差距，但大部分中、西部的剩余劳动力已经转移到东部沿海地区。各地交通、通信等基础设施不断改善，也导致各地工资水平逐渐趋近。因此，低附加值的劳动密集型产业向劳动力成本较低的发展中国家转移具有现实和经济意义。

抓住上游国家劳动密集型产业转移时机，利用自身比较优势积极发展外向型经济，积极参与国际分工，是亚洲新型工业化国家成功跻身高收入国家的重要经验。20世纪60年代，日本制造业工人就业约970万。新加坡、韩国、中国台湾和香港承接了日本转移过来的产业，不仅创造了970万劳动密集型产业的就业，也通过发展劳动密集型产业实现了资本快速积累，为产业升级换代提供了资金支持。从20世纪80年代开始，中国实施改革开放的对内对外战略，积极利用巨大的劳动力资源发展劳动密集型产业，实现了经济长期高速增长。目前，国内劳动密集型制造业就业人口为 8500 万，这些产业向海外转移，不仅为发展中国家提供巨大的就业机会，也会帮助发展中国家提升在全球产业链中的地位。这对全世界的发展中国家来讲，无疑是一个千载难逢的机会。

发展中国家拥有较低的劳动力成本与广阔市场空间，中国劳动密集型产业向发展中国家转移能够形成有效互补，实现双赢。非洲有 10 亿人口，现在平均收入水平是中国的 1/4，很多国家的收入水平甚至不及中国的 1/10。数据显示，2000 年，中非贸易额首次突破 100 亿美元大关，此后连续 8 年保持 30% 以上的增长速度。2009 年以来，中国一直保持非洲最大贸易伙伴的地位。2014 年，中非贸易额达 2220 亿美元。非洲很多地区政局比较稳定，当地政府为了吸引投资也做出了很多准备。如，埃塞俄比亚前总理梅莱斯和现总理海尔马里亚姆曾专程来中国进行定点"招商引资"，最终促成中国的著名制鞋企业——华坚集团率先落户埃塞俄比亚，并在埃塞设立了华坚国际轻工业园，计划在未来 3—5 年内发展成制鞋业产业集群，解决 3 万人就业，而整个轻工产业集群可能解决多达 10 万人的就业。这已成为转移成功的案例之一。

二　中国支持发展中国家增强自主发展能力

世界经济平衡和可持续发展，离不开发展中国家，尤其是最不发达国家的经济增长。多年来发展中国家在自主发展能力建设方面远远落后于发达国家，这是南北发展差距不断扩大的重要原因。中国自身经济增长的经验表明，一国的经济发展只有主要依靠资本积累、技术进步和制度创新，才能实现自身发展能力的不断提升。在此基础上国家经济增长也需要国际组织和其他国家的资金和技术援助，积极借鉴其他国家有益的发展经验。党的十八大指出，中国致力于缩小南北差距，支持发展中国家增强自主发展能力，推动国际秩序和国际体系朝着公正合理的方向发展。

中国立足于发展中国家的实际需要，有针对性地增强其自主发展能力。中国根据自身能力积极开展对外援助，近 10 年累计对外提供各类援款 1700 多亿元人民币，免除 50 个重灾穷国近 300 亿元人民币的到期债务，承诺对最不发达国家 95% 以上的输华产品实行零关税，为 173 个发展中国家和 13 个地区性国际组织培训各类人员 6 万多名。这显著增强了受援国的自主发展能力。

发展中国家的条件千差万别，没有统一的发展模式可以借鉴。要实现自身发展，必须立足国情，明确比较优势，按照比较优势参与国际分工，增强增长潜力和发展能力，这是中国改革开放以来经济发展的基本经验。非洲、拉美等发展中国家都有自己的比较优势，完全有能力探索出一条适合本国国情的发展道路。中国将继续通过技术转让、项目合作、资金援助等各种方式支持和帮助发展中国家将各自的比较优势与发展潜力，尽快地、恰当地转化为现实的发展能力。因此，在提供援助时，必须考虑到受援国的实际条件、对项目的要求和承受能力，提供符合实际需要和能够产生积极效果的援助。在开展经济合作时，应充分考虑发展中国家的国情，根据东道国的实际需要，确定合作项目、落实资金、做好规划，以提高经济合作的效率和项目的可持续性。

支持国际贸易，增进发展中国家福利。中国同发展中国家和世界的利益融合达到了前所未有的广度和深度，已成为众多发展中国家的最大贸易伙伴和最大出口市场重要投资来源地。当前和今后的一个时期，中国经济将继续保持较快增长速度，在全面深化改革的进程中，国内需求特别是消费需求将持续扩大，对外投资也将持续增加。据测算，今后 5 年，中国将进口 10 万亿美元左右的商品，对外投资规模将达到 5000 亿美元，出境旅游可能超过 4 亿人次。中国越发展，越能给发展中国家和世界带来发展机遇。中国将继续倡导并推动贸易自由化和投资便利化，加强同发展中国家的双向投资，打造对外合作新亮点。中国将加快同周边地区的互联互通建设，积极探讨搭建地区性融资平台，促进区域内经济融合，提高地区竞争力。积极参与亚洲区域合作进程，坚持推进同亚洲之外其他地区和国家的区域次区域合作。中国将坚定支持亚、非、拉地区对其他地区的开放合作，更好地促进本地区和世界其他地区共同发展。

通过对外承包工程，以造价低、质量好、适用性强的工程项目造福东道国社会。在开展对外承包工程的实践中，中国承包商积累了雄厚的技术实力和丰富的项目经验。由于工程报价低、质量好、适用性强，因此项目建成后不仅不增加东道国的财务负担，而且极大地改善了当地的基础设施和发展条件，为东道国经济发展夯实了基础。例如，中国承包商在安哥拉等非洲国家建设的医院、学校、道路、输电网等基础设施项目，已为这些国家国内经济增长发挥了积极作用。

我国企业开展海外投资，增加东道国的就业和税收，改善所在国的国际收支状况。中国长期的账户顺差带来了巨额的外汇储备，为中国企业海外投资提供了充沛的资金支持。中国企业在制造业上具有技术、资金和成本优势。加之中国的经济结构和发展阶段与发展中国家存在较大的互补性，中国企业的投资技术适应东道国的实际情况和需要，在有效利用东道国发展条件的同时，增加了东道国的就业和税收，改善了东道国人民的生活状况，因此受到当地政府和人民的欢迎。例如，中国企业在多哥、塞内加尔、埃塞俄比亚、赞比亚、加纳、尼日利亚等非洲国家进行了大量投资，涉及空调、自行车、农业机械、纺织厂、糖厂及渔业等项目，不但为非洲生产了大量价廉物美、适销对路的产品，而且还大量出口，成为其重要的创汇来源。这些项目的实施，在非洲催生了大量的中小企业，成为东道国增加就业的重要渠道。

通过发展援助支持广大发展中国家增强自主发展能力。中国通过对外优惠贷款及优惠出口买方信贷，利用优惠资金帮助发展中国家进行经济建设。中国向发展中国家提供的援外贷款期限长、利率低、不干涉他国内政，建立在项目、资源和市场基础之上，主要利用项目收益偿还贷款，有利于促进东道国潜在优势转化为发展优势，解决贫穷国家的还债问题。在这些优惠贷款的支持下，我国企业众多非洲国家建设了大批住房、学校、医院等社会公益设施，切实为东道国人民带来了实惠。这种互利共赢的新型援助模式逐步得到广大发展中国家的认可。未来，中国需要继续扩大同非洲在投资和金融领域的合作，全面落实 3 年内提供 200 亿美元援非贷款的承诺，帮助非洲建立自主发展的"造血"机制，实现工业化之梦。

此外，中国还积极呼吁国际社会加强合作，提高发展中国家自主发展能力。在 2010 年举行的联合国千年发展目标高级别会议上，中国承诺在今后 5 年内为发展中国家提供 8 万个培训和研讨机会，同时在农业、医疗卫生、科学教育、清洁能源、应对气候变化、防灾减灾、经济管理、经济开发区建设以及基础设施建设等领域同其他发展中国家加强合作。

三　中国发展经验可为发展中国家提供借鉴

"华盛顿共识"并不适用于发展中国家。20 世纪 80 年代开始，拉美的发展中国家普遍遭遇债务危机，严重阻碍了经济增长。以美国为首的西方国家提出"华盛顿共识"，就是要求发展中国家进行自由化、私有化的经济改革，同时执行紧缩的财政政策。世界银行、国际货币基金组织等国际组织和国际金融机构推崇"华盛顿共识"。发展中国家要从这些机构获得经济发展所需的资金，就必须全盘接受放开市场竞争、私有化、自由汇率等条件。然而，实践证明，"华盛顿共识"对于拉美、东欧以及东南亚许多发展中国家来说是个失败的选择。亚洲金融危机、美国次贷危机、欧洲债务危机等的爆发也与"华盛顿共识"存在一定关系。因此，"华盛顿共识"遭到了第三世界的强烈抵制，被称为"野蛮的资本主义"。

相比"华盛顿共识"，中国渐进改革的经验可为世界其他发展中国家提供借鉴。中国改革之初，无论产品市场还是要素市场，均存在许多扭曲。为此，中国采取了渐进的改革方法，先放开计划经济体制下受到抑制的服务业和轻工业部门，允许私营企业进入，促使这些产业迅速发展。在引入市场机制的同时，对缺乏自生能力和效率的国有企业予以必要的补贴。这种"双轨制"保证了宏观经济稳定，为经济增长提供了重要的保障和环境。在经济取得一定成效后，中国再逐步解决旧体制下价格扭曲、国企改革等问题。通过实行"渐进式改革"，中国成功地实现了从计划向市场的转轨，经济得以迅速发展，与发达国家的差距不断缩小。

一个国家社会长期经济发展总是来自技术的不断变迁，以及随着经济基础的改善不断进行的制度完善，发展中国家在技术的创新和制度的完善上具有后发优势。但在追赶发达国家时，发展中国家容易产生赶超的心理，不顾自己的发展阶段和资源禀赋情况，完全照搬发达国家的经验，集中资源发展不具有比较优势的资本和技术密集型产业，最终导致外债负担较重，经济效率低下，经济缺乏可持续增长的潜力。

然而，从潜力上讲，发展中国家的贫穷落后并不是命中注定的，而是完全可以改变的。中国的经验是确定明确的目标，不断探索实现目标的最佳途径。社会主义市场经济改革的目标，是从传统计划经济体制走向完善的社会主义市场经济体制。而实现目标的途径，形象地说就是邓小平讲的"摸着石头过河"，在过渡时期采取"摸着石头"的渐进方式。实践证明，通过这种渐进式改革，中国的经济水平不断提高，经济效率不断得到提升。

中国发展经验为发展中国家提供借鉴。过去30年的中国经济改革奇迹与谜题并存。尽管中国经济保持了30多年的高速增长，然而，中国的经济体系仍然在很多方面不同于传统经济学理论所描述的"良好的经济体系"的特征，例如市场体系不健全、产权界定不明晰、金融部门受抑制、货币政策不独立等等。这些扭曲与高增长并存，使得中国的发展经验成为诸多学术和政策的研究主题之一。

以市场为导向的经济改革取得了巨大成功，极大地促进了经济增长（Naughton and Young 2004[1]；Brandt and Rawski 2008[2]）。改革不但

---

[1]　B. J. Naughton and D. L. Young, 2004. *Holding China together: diversity and national integration in the post-Deng era.* Cambridge University Press, New York, USA.

[2]　Brandt, L. and Thomas Rawski., 2008. *China's Great Economic Transformation*, Cambridge University Press.

极大地改善了居民的生活条件，而且扭转了中国改革之前长期的衰退趋势，成为推动世界经济增长的重要引擎。中国的经济增长正影响着世界经济的重心不断向发展中国家，尤其是亚洲的新兴经济体倾斜。

在历史上，中国曾保持过长达 2000 多年的世界上最大经济体的地位。自 18 世纪以来，由于国内战争和西欧工业革命的兴起，中国的经济地位开始迅速下降。新中国成立以来，由于实行中央计划经济政策，资源配置效率低下，严重挫伤了生产的积极性和创造力。随后的"文化大革命"几乎将国内经济推到了崩溃的边缘。按照购买力平价（Purchasing Power Parity，PPP）衡量的中国经济总量占世界经济的份额，已从 1820 年的 32.9% 大幅下降为 1977 年的 4%（Maddison 2006）。[①]

1978 年改革开放以来，中国经济突飞猛进，国民生产总值（GDP）年均保持着 10% 的增长速度。到 2010 年底，以美元计价的用市场汇率衡量的中国经济总量已经超过日本，中国已成为世界第二大经济体。按照不变价格计算，中国的经济总量比改革之初提升了 20 多倍。强劲的经济增长在国内外产生了显著影响。国内数亿人摆脱了贫困，人民的生活水平不断提高。中国已经成为世界上水泥、汽车等多种产品的最大市场，其消费和生产的市场份额对世界市场已经产生了显著影响。中国的经济增长和经济地位的提高对世界经济产生重要作用。一些学者甚至提议中国和美国成立 G－2，共同商议世界经济事务（Bergsten 2007[②]；Zoellic and Lin 2009[③]）

中国如何在过去的 30 年间取得了如此显著的经济成就，成为大量文献研究的主题。经济学家提出了各种不同的观点，以解释中国的经济增长。这些主要的观点包括：

---

　① Maddison A 2006. The World Economy: A Millennnial Perspective. OECD Press.

　② Bergsten, C. Fred, 2007. "The dollar and the global imbalances," CESifo Forum, Ifo Institute for Economic Research at the University of Munich, Vol. 8 (4), pages 3—5.

　③ Zoellick, Robert B. and Justin Yifu Lin, 2009, "Recovery rides on the 'G－2'", Washington Post, March 6, 2009.

采用符合本国比较优势的发展战略（林毅夫、蔡昉和李周，1995）[1]：以前优先发展资本密集型的重工业，违背了比较优势理论，导致了较差的经济绩效。而采取符合比较优势的战略，发展符合本国比较优势的行业，提高了资源配置的效率，促进了生产效率的提高；

计划体制外的边际突破（Naughton 1995）[2]：在保持原来计划体制不变的同时，为非国有部门的发展提供空间和机会。非国有部门的引入和发展，促进了市场竞争。优胜劣汰的竞争机制，激励微观主体不断改善经济管理，采用先进技术，提高了整个经济的创造力和生产效率；

回归东南亚经济发展模式（Sachs and Woo 2000）[3]：中国的经济改革并不是所谓的制度创新，而是亚洲新兴经济体成功经验的复制。抓住上游国家产业转移的机遇，积极发展外向型经济，吸引外资，不断推进产业升级和技术进步；

双轨制改革的引入（Fan，1994）[4]：双轨制改革是各利益方都会得到帕累托改进的有效机制，因此改革迅速获得了政治支持，使得改革得以顺利进行；

交易成本的下降（周其仁，2010）[5]：改革期间中国经济的高增长，并不是主要依靠有竞争力的生产成本，而是主要依靠交易成本的迅速下降和生产效率的提高；

非对称的产品和要素市场自由化（Huang，2010）[6]：产品市场的

① 林毅夫、蔡昉、李周：《中国的奇迹：发展战略与经济改革》，上海人民出版社1994年版。

② Naughton, B., 1995. Growing Out of the Plan: Chinese Economic Reform, 1978—1993, New York: Cambridge University Press.

③ Sachs, Jeffrey D. and Wing Thye Woo. 2000. "Understanding China's Economic Performance." Journal of Policy Reform 4, 1 (2000): 1—50.

④ Fan, Gang. 1994. "Incremental changes and dual track transition: understanding the case of China," Economic Policy, Volume 19 supplement, December, pp. 99—122.

⑤ 周其仁：《中国做对了什么：回望改革，面对未来》，北京大学出版社2010年版。

⑥ Huang, Yiping, 2010. Dissecting the China puzzle: Asymmetric liberalization and cost distortion', Asia Economic Policy Review, 2010, 5 (2): 281—295.

自由化，促进竞争和市场效率的提高。而长期存在的要素市场价格扭曲，进一步降低了生产成本，提高了产品的国际竞争力，促进了经济增长。然而不容忽视的是，要素市场的扭曲也加剧了结构性失衡。

理解和总结中国经济转型和增长的经验，对于指导发展中国家的经济发展有重要意义。应该指出的是，经济学家对于中国经济增长的解释，分别强调了改革影响经济增长的不同机制。虽然观点有别，但是并非相互矛盾，而是关注了同一改革进程中的不同方面。这些解释都从不同的角度强调了从计划经济体制向市场经济体制转型的重要性。

多数学者认为中国的市场改革尚未完成。产品市场的价格形成机制已由市场供求决定，基本实现了自由化。然而要素市场，包括劳动力、资本、土地和资源等，其价格仍然存在较大程度的扭曲。以金融市场为例，我国的经济体系仍然呈现典型的金融抑制的特征，中国的金融自由化不但滞后于国内产品市场的自由化，而且滞后于许多其他发展中国家的金融改革。

经济增长与金融抑制政策并存则使得中国的经验成为研究金融深化和金融约束理论有效性的典型案例。改革开放至今，我国经济实现高速增长，年均实际 GDP 增速达 10% 以上，成为世界经济增长的重要推动力量。而在此期间，我国经济仍体现出明显的金融抑制特征，例如受管制的低利率体系、政府对信贷决策的影响、较高的法定准备金率、较严格的资本项目管制等。这一事实至少表明中国金融抑制政策并没有严重地损害经济的增长绩效。

值得注意的是，在改革初期政府引入金融抑制政策的目的，是为了支持经济增长，维持宏观金融稳定。政府通过信贷配给，可以将有限的金融资源分配到政府为实现经济增长而优先发展的部门。利率管制的目的不仅在于降低投资成本，而且可以避免金融机构非理性的利率竞争。在金融体系不发达的情况下，这些措施有助于动员资源，促进经济发展。

尽管金融体系仍然受到明显的抑制，然而中国在改革期间经历了渐进而稳定的金融自由化。根据年度时间序列和省区面板数据的分析发现，总体平均而言，金融抑制的政策有利于改革期间的经济增长。然而，统计检验表明，金融抑制的影响作用在 2000 年左右存在结构变化。金融抑制在最初的 80 年代和 90 年代有助于经济增长，而 2000 年以来，金融抑制的效率损失越来越明显，对经济增长的影响也由促进转变为阻碍（Huang and Wang，2011）[①]。

对中国经验的研究可为其他发展中国家提供重要改革经验。20 世纪 70 年代以来的货币和金融自由化的改革也给一些国家带来了相当严重的经济和金融危机，例如 70 年代的阿根廷、智利和乌拉圭，80 年代的菲律宾和土耳其，1997 年的亚洲金融危机等。改革开放以来，中国自由化改革主要集中于产品市场，金融自由化则较为渐进谨慎，金融自由化落后于许多亚洲发展中国家。而这种非对称的自由化改革，尤其以金融约束或渐进的金融自由化为主要特征，有可能为其他致力于经济改革的发展中国家提供更为合适的改革模式。

第三节　中国与发展中国家共求公正 合理有效的国际秩序

全球经济金融危机后，世界经济进入深度调整期。发达国家经济复苏缓慢，新兴经济体和发展中国家在世界经济中的份额首次超过发达国家，并逐渐在全球经济治理体系中发挥重要作用。作为世界上最大的发展中国家，中国经济增速已经开始下降，增长模式已经开始转型。中国全面深化改革和经济结构调整，将为发展中国家带来巨大机遇。传统的全球协调机制在宏观经济政策协调、降低金融风险方面效果有限，而由新兴经济体参与的 G20 逐渐成为全球重要国家政治经济协商和交流的国际平台。尽管与发达国家相比，新兴经济体仍在金融

[①]　Huang, Yiping and Xun Wang, 2011. "Does Financial Repression Inhibit or Facilitate Economic Growth? A Case Study of Chinese Reform Experience", Oxford Bulletin of Economics and Statistics, 73 (6), 833—855.

危机期间保持了较快增速，然而世界经济下行和全球金融条件收紧已成为新兴经济体面临的主要挑战。同时，广大发展中国家仍在国际政治经济秩序中处于弱势地位。为实现全面可持续发展，缩短发展中国家与发达国家之间的差距，广大发展中国家应加强经贸合作、提高政治互信、增强自我发展能力，推动建立公正、合理、有效的国际政治经济新秩序。

一　中国增长模式转变将为发展中国家提供巨大发展空间

中国增长模式已经开始转型，正由高速增长转向中高速增长的新常态。经济改革期间，我国增长模式的一个突出特征是"高增长、高失衡"。过去 10 年来，GDP 年均增长率接近 10%，创造了经济增长的奇迹。与此同时，结构失衡的问题变得日益突出，消费投资失衡不断扩大。此外，金融危机期间，4 万亿的刺激政策在保增长的同时，也造成了资产价格上涨、金融风险上升等一系列的结构性问题。

全球金融、经济危机导致发达国家经济下行。在外需持续减弱、世界经济复苏缓慢的背景下，中国以投资和出口为导向的增长模式难以为继，这客观上要求中国经济向以消费和创新驱动为主的模式转型。经济增长模式转型过程中，中国经济的增长速度将高速回落，以便将更多资源用于调整经济结构。然而，最新的统计数据表明，中国经济增长模式已经开始转型。一方面，GDP 增长率已经回落到 7% 以下。根据国家统计局的数据，2015 年中国 GDP 增长 6.9%。"十三五"期间，中国的经济增速将保持在 6.5%—7% 之间。然而增速回落并没有造成明显的失业问题，说明这个增速并没有明显偏离增长潜力。

经济结构已经开始向再平衡调整。我国的经常项目顺差占 GDP 的比例从 2007 年的 10.8% 持续回落，过去 3 年一直保持在 3% 以下。国家统计局公布的基尼系数也从 2008 年的峰值 0.491 降低到 2015 年的 0.462，表明居民收入差距开始缩小，居民收入分配得以逐渐改善。另外，有研究表明，官方数据可能明显低估服务消费尤其是高收入家庭的服务消费，从 2007 年起总消费和居民消费占 GDP 的比例也已经逐步回升。这些变化表明，我国经济结构失衡已经开始自行调整，增长模式已开始向平衡增长转变。

中国贸易和投资结构转变为发展中国家提供更多机遇。中国加入世界贸易组织以来的 10 年间，对外进出口贸易年均增长 20.2%，快于产出增长速度。对外开放已成为我国加快经济发展以及提升综合国力的重要支撑。同时，收入水平提高和收入分配改善推动了中国消费结构升级。据麦肯锡的预测，2012—2022 年，中等收入阶层的人数将从 2.3 亿增至 6.3 亿人，中等收入阶层将成为中高档商品、现代服务和知识产品消费的主力军。未来中国居民对国外金融、医疗、教育的需求将不断提升。大量留学生将赴海外追求更好的教育。出境旅游将稳步增长，预计未来 5 年将超过 4 亿人次。未来中国居民对高品质、高技术的商品进口需求将明显增加。"十三五"期间中国将从世界其他国家累计进口商品超过 10 万亿美元。

中国作为世界上最大的货物贸易国，有助于促进各国具有比较优势的产业进一步专业化，增加国际贸易所得。然而，收益在各国的分配并不平衡，和中国具有相似资源禀赋的国家贸易条件恶化，从国际贸易中获益较少。而发达国家占据技术和产业链的高端，通过将低端生产线转移到发展中国家获得产品贸易和销售中的高额利润。如，新世纪初期中国金属和能源密集型投资快速增长，旧的经济增长模式导致中国对金属和能源的进口需求强烈，提高了相关产品的价格，澳大利亚、俄罗斯和德国等国家从中受益，而其他能源进口国面临进口价格上升、贸易条件恶化等情况。由于关键环节仍保留在发达国家，靠承接从上游国家产业转移而发展加工贸易的国家，产品技术含量低，处于生产链条的低端，从国际贸易中获利较少。

在新的增长模式下，中国的对外贸易仍然快速增长，但是进出口产品的专业化方向将发生转变。在总支出中，随着投资份额降低而消费比重上升，中国的能源进口依赖和大宗商品进口需求会相对减少，世界能源和大宗商品出口国的贸易条件将会变差。同时中国对高价值消费品、技术和服务的进口需求的不断增加，导致相应进口产品价格上升，从而改善相应产品出口国的贸易条件。随着中国的结构转型和产业升级，过去低附加值的劳动密集型产品会逐渐减少出口，出口产品的技术含量会不断提升。中国出口方向的转变将使简单劳动力密集型制造业产品供给减少，导致这些产品相对价格走高，促进低收入的亚洲发展中国家的贸易发展，提高贸易所得。

中国作为新兴经济体，在世界对外直接投资中扮演了越来越重要的角色。伴随着近年来中国经常账户盈余和外汇储备的迅猛增长，中国对外直接投资增长迅速。根据商务部的数据，2000 年对外直接投资额低于 10 亿美元，而 2014 年中国境内投资者共对全球 156 个国家和地区的 6128 家境外企业进行了直接投资，累计实现非金融类直接投资 1028.9 亿美元，同比增长 14.1%。中国现在不仅是发展中国家最大的对外投资者，也成为了世界第三大对外投资国。

随着中国对外开放新体制的建立，中国对外直接投资仍将稳步增长，预计未来 5 年对外直接投资规模将超过 5000 亿美元。到 2020 年，对外直接投资存量将突破 1.2 万亿美元。中国香港、东盟、欧盟、澳大利亚、美国、俄罗斯等将成为中国对外投资的主要经济体。中国对外直接投资的行业将主要集中在租赁和商务服务业、金融业、采矿业、批发和零售业、制造业、交通运输业/仓储和邮政业、建筑业等行业。

中国劳动力成本上升，工资的地区差距不断缩小，使得劳动密集型制造业向收入更低的发展中国家的转移成为可能。东盟和印度、巴基斯坦、孟加拉等周边国家劳动力优势以及竞争力改善，成为接受中国产业转移主要对象国。中国一些劳动密集型制造业将向这些周边国家转移，并成为境外投资增长最快的类型。这不但为这些国家带来资金、外汇，而且带来适用技术、管理经验、先进理念等，提高了人力资源素质，有助于这些国家建立起符合经济发展阶段特征的现代制造业体系。

中国的产业转移为东盟、印度及其他产业接收国的经济和企业带来巨大机遇，也给中国、香港和其他较发达经济体的企业和金融机构创造了良好商机。随着中国产业转移，这些产业接收国的居民收入会明显上升，消费能力也会迅速提高。但那些有一定技术含量或资本密集型的消费品（如汽车、冰箱、空调、彩电等），估计在相当长一段时间内还会比较依赖进口。这给中国及其他较发达经济体的消费品生产与服务企业提供了难得的出口与投资机遇。此外，为承接相关的产业转移，大部分发展中国家需要大力兴建基础设施。中国参与当地国基础设施建设、消化国内产能的过程，也为发达经济体提供金融服务创造了机遇。

二、发展中国家对外直接投资成为世界资本流动的重要力量

近年来，对外直接投资的一个显著特征是，来自发展中国家的对外直接投资占全世界对外直接投资中所占的比重逐渐增加，而发达国家的对外直接投资的比重在不断下降。发展中国家对外直接投资存量份额自 20 世纪 80 年代开始不断上升，从 1988 年的 6.8% 上升到 2011 年的 17.7%。而同时期发达国家对外直接投资存量占全世界 ODI 存量的份额从 1988 年的 93.2% 下降为 2011 年的 80.6%。

亚洲的发展中国家对外直接投资是整个发展中国家对外直接投资增长的主要驱动因素。来自亚洲发展中国家的对外直接投资存量占世界对外直接投资存量的份额由 1981 年的 2.9% 上升为 2011 年的 12.2%。而非洲发展中国家的对外直接投资一直下降，美洲发展中国家的对外直接投资经历了 20 世纪 80 年代的大幅下降后，近 20 年来有小幅上升。

亚洲发展中国家的对外直接投资主要来自新型工业化经济体（NIES）——新加坡、中国香港、韩国和中国台湾等。中国，作为新兴经济体，在世界对外直接投资中扮演着越来越重要的角色。伴随着近年来中国经常账户盈余和外汇储备的迅猛增长，中国的对外直接投资流量增长迅速，2000 年低于 10 亿美元，而 2015 年中国的对外直接投资净额增至 1180 亿美元，其中对"一带一路"沿线国家直接投资

实现 148 亿美元，同比增长 18.2%。根据联合国贸易与发展会议的统计，截至 2014 年底，中国对外直接投资存量 7295 亿美元，位居全球第九位。中国现在不仅是发展中国家最大的对外投资者，也成为世界第三大对外投资者。

根据传统的对外直接投资理论，发达国家资本充裕而发展中国家资本相对稀缺。发达国家通常为资本输入国，而发展中国家为外商直接投资的接受国。因此，发展中国家的对外直接投资是否能被传统的对外直接投资理论解释？为什么发展中国家会进行对外直接投资？发展中国家的对外直接投资是否存在不同于发达国家的影响机制？回答这些问题对于发展中国家的经济发展具有重要意义。简而言之，尽管外商直接投资促进了发展中国家的贸易扩张、市场竞争、技术进步以及产业升级，进而提高了发展中国家的国际竞争力，对外直接投资仍然是发展中国家进一步提高对外竞争力的必经之路。

三　共同推动建立国际政治经济新秩序

长期以来，发达国家在国际经济政治秩序和规则制定中居于主导地位，并控制着联合国、世界银行、国际货币基金组织等国际组织的话语权，导致发展中国家正当的经济政治利益难以实现。这种不合理的国际经济秩序，不能有效解决金融危机、国际收支失衡等国际领域的深层次矛盾，并由此导致贸易冲突频发、贫富差距扩大、环境问题严重等，成为世界经济发展不可持续的重要原因。随着经济全球化和世界经济深度调整，这些矛盾和问题将更加突出，推动建立新的公正合理有效的国际政治经济新秩序日趋迫切。

发展中国家，尤其是包括中国在内的新兴经济体迅速崛起，通过加强合作和协调，推动国际经济格局不断调整。全球经济金融危机爆发以来，新兴经济体保持快速增长，已经成为推动世界经济复苏的重要力量。根据世界银行的统计，2012 年，发展中国家占世界经济的总量的比重超过 50%，首次超过发达国家。发展中国家已成为国际社会中重要的政治经济力量，在国际和地区事务中，特别是推动建立公正合理的国际政治经济新秩序方面发挥着越来越重要的作用。

积极参与全球治理体制改革。全球经济金融危机期间，国际货币基金组织、世界银行、国际贸易组织等传统的全球性协调机制在加强宏观经济政策协调、反对贸易保护主义、促进经济结构转型方面发挥作用有限。而由发展中国家参与的区域性经济合作组织，例如中国—东盟自由贸易区、区域全面经济伙伴关系、南共体等发展迅速，区域内政策协调不断加强，贸易和投资活动不断扩大，为有效推动区域内经济复苏发挥了重要作用。金融危机爆发后，G20 取代 G7，成为重要的全球沟通、协调平台。G20 成员国既包括发达国家，也包括新兴市场国家，其国民生产总值约占全世界的85%，人口将近世界总人口的 2/3，较之传统国际经济协调平台，其代表性明显增强。

建立公正合理的国际贸易体系。全球经济金融危机后，世界经贸规则面临再洗牌。美国在亚太主导跨太平洋伙伴关系协议，与欧盟共同推动跨大西洋贸易和投资伙伴关系协议。其目的和动机已远远超过经济复苏和恢复就业的目标，带有更深刻的全球战略含义，其中不乏对中国等新兴经济体区域经济一体化进行围堵的战略考量。中国在短期内不能加入 TPP 的情况下，最好的选择还是推动亚洲区域经济合作，用这些合作的收益来弥补不能加入 TPP 带来的损失。美国在亚太推动 TPP 的过程中，与东盟推动、中国积极参与的"区域全面经济伙伴关系（RCEP）"逐渐形成抗衡姿态，而以中国主导的中日韩自由贸易协定也对美国主导的 TPP 形成挑战。与此同时，欧盟也在积极推动与拉美国家间的自由贸易安排。习近平主席近期访欧期间，除了宣介中国核心外交理念，展示中国软实力外，更是与到访的荷兰、法国、德国和比利时四国签署了涉及金融、航空、文化、农业等多项经贸合作协议，进一步加强了中欧经贸关系。一方面这些自由贸易协定（FTA）与美国形成了竞争，另一方面也为中国等 TPP 之外的国家提供了与美国"游戏"的空间和筹码。

建设多元有效的国际金融体系。国际金融体系改革是全球经济治理机制改革的重要内容。美国金融危机和欧洲债务危机凸显了现行国

际金融体系在危机预警、危机应对和金融监管方面的缺陷和不足。为
降低国际金融系统风险，提高金融体系运行的效率，应积极推动国际
货币基金组织份额改革和世界银行改革，切实提高发展中国家代表性
和发言权，以客观反映世界经济格局变化，增强国际金融体系的有效
性。完善国际金融监管机制，增强各国宏观经济政策协调，确保发展
中国家有效参与国际金融监管机构。国际货币基金组织应加大对国际
金融市场特别是短期资本流动和金融创新风险的监督和预警，在维护
国际金融稳定方面发挥更大作用。世界银行应在减贫和可持续发展方
面作出更大努力，帮助发展中国家适应经济全球化和实现联合国千年
发展目标。此外，还应推动国际货币体系改革，健全储备货币发行调
控机制，探索新的国际储备货币的可能性，稳步推进国际货币体系多
元化，建立多元有效的国际储备货币体系。

　　建设公平有效的全球可持续发展体系。世界经济不平衡，尤其是
南北发展不平衡是世界经济发展不可持续的主要原因。经济全球化和
区域经济一体化的深入发展把世界各国利益紧密联系在一起。发达国
家和发展中国家只有加强协调、携手合作，才能有效解决经济危机、
发展失衡、环境危机等全球性问题。发达国家应切实履行承诺，向发
展中国家增加援助、减免债务、开放市场、转让技术，提高发展中国
家抵御风险和参与国际分工的能力。发展中国家应努力加强自身能力
建设，积极改善国内经济环境，提高发展援助的有效性，通过自身努
力和相互合作增强国际竞争力。联合国、世界银行、国际货币基金组
织等国际机构、G20 等国际协调平台以及 APEC、ASEAN 等区域和次
区域合作组织应充分整合资源，形成合力，推动建立公平、合理、有
效的国际政治经济新秩序，为世界各国特别是发展中国家的发展创造
良好的国际环境，提供有力的帮助和支持。

第七章　与世界共享中国梦

习近平总书记提出"中国梦"这一概念后，国际社会对"中国梦"给予了高度关注，"中国梦"已经成为外部世界理解当今中国内外政策走向的一个核心词语和窗口。美国《纽约时报》国际版在其刊发的《中国需要自己的梦想》一文中指出，当下，中国人渴望创造一种新的民族特性，这种民族特性要融合中国的传统价值观与现代城市的现实，创造一个可持续的中国梦，打破收入增长与高能源资源消耗之间的历史关联，有望成为新民族特性的一部分，并可能在世界上产生影响。的确，未来几十年，中国势将扮演新的全球角色，在实现中国梦的伟大进程中，中国需要与外部世界进行持续、顺畅的沟通，把握国际社会对中国梦的认知，并在重新认识自身国家身份的基础上更好地向世界表达自己，让世界理解中国人自己的梦想，正成为越发重要和紧迫的任务。

第一节　中国梦的国际认知

一　实现中国梦要坚持走中国道路

中国梦是对中国未来发展道路和目标的一个形象比喻，它的核心内容是国家富强、民族振兴、人民幸福。国际评论人士普遍认为，中国梦已经成为中国最高领导层的施政纲领，是观察中国国内发展轨迹的重要指标。"俄罗斯之声"刊文指出，习近平等中国领导人通过中国梦向世界展现了中国向强国过渡的路线图。俄罗斯国际关系学院东亚与上海合作组织研究中心高级研究员沃罗比约夫认为，中国领导人为自己的治国方略找到了鲜明亮丽的形象依托。

毋庸置疑，中国梦的实现途径是探索并坚持一条符合中国自身国情的发展道路，这种诉求引起大多数国家的共鸣。在新世纪的第二个10年特别是自2008年金融危机爆发以来，在全球范围内无论是发达国家还是发展中国家实际上都面临程度不一的"治理危机"。这几年，无论是乌克兰变局、叙利亚冲突，还是"伊斯兰国"带来的冲击，这些国际热点的背后都牵涉国家治理的大问题。与此同时，美国、英国等西方国家的学界和舆论精英们也在讨论西方政治制度的"功能不调"或衰败。由此足见，所谓放之四海而皆准的政治制度、治理模式和发展道路已经成为一种"神话"。

在此背景下，近年发展中国家精英人士对中国的关注从过往的双边经贸合作、政治关系，日益深入到对中国制度模式的探究。埃塞俄比亚革命阵线副主席、埃政府副总理德梅克表示，埃塞俄比亚一直在积极探索适合国情的自主发展道路，中国的成功经验为埃方提供了宝贵借鉴，"埃塞俄比亚发展的第一个标杆是中国，第二个标杆也是中国，第三个标杆还是中国"。德梅克还认为，中国梦这一概念的提出表明，在全球化背景下中国始终与时俱进，始终"朝前看"，"知道曙光在哪"，埃塞俄比亚底子薄、问题多，需要全方位变革，中国制定的改革发展方略给埃塞俄比亚带来很多新的重要启示。

亚美尼亚和平委员会主席彼得罗认为，原苏联国家经济大都发展不理想，主要归因于没有好的发展模式，在见证中国经济崛起的奇迹后，大家就像都喜欢肖邦的音乐一样，普遍认可中国领导人倡导的改革思想。对于中国道路的特色，埃及前驻华大使、中国问题专家贾拉勒认为，中国道路最引人注目的特征就是不仅关注GDP，还关注民众福祉、社会公正和可持续发展，近年来中国更加重视社会正义和全体民众休戚与共的重要性。

瓦努阿图民族联合党主席、前总理利尼以及瓦人民进步党主席吉尔曼等表示，政治稳定是经济发展的前提条件，瓦长期以来发展缓慢，正是政党间的争斗导致政局不稳、无法制定和有效实施长期规划造成的后果。他们表示，实践证明，中国以稳定保增长、以改革促发展的思路卓有成效；中国共产党在成绩面前没有固步自封，而是居安思危，冷静客观地看待和分析自身面临的困难与挑战，以前瞻性思维提出全面深化改革的总体规划。

印度与中国同属发展中大国，面临着能源资源束缚、城乡发展差距大、社会保障政策亟待完善等很多相近的发展挑战。印度前外交秘书、国家安全顾问委员会主席希亚姆·萨兰撰文指出，2012 年召开的中共十八届三中全会为中国的政治、社会、经济和司法改革制定了一个广泛、雄心勃勃和影响深远的路线图。中国梦是对这一路线图的高度概括。如果这些雄心壮志真正转化为实际行动，中国在亚洲的地区大国地位将变得不可动摇。中国的做法导致印度国内民众渴望领导人作出决断，以推动改革计划的实现，让印度走上持续发展的正轨。《印度时报》刊文称，中国梦的提法与美国梦相似，表明中国领导人希望实现中国人分享机会和繁荣的愿望。

中国改革和发展事业的成功经验之一在于，坚定立足于本国国情，勇于冲破僵化的意识形态束缚和制度藩篱。这正是实现中国梦需要坚持的精神实质，也给其他社会主义国家带来启示。古巴哈瓦那大学国际经济研究中心教授胡里奥·巴斯克斯认为，在当今中国，虽然市场经济、富裕阶层和自由市场等因素并存，但中国始终都坚持建立社会主义社会的目标，并正以社会主义价值观为基础，酝酿一个新的社会经济模式。在 21 世纪上半叶，世界将见证一个新社会主义模式在中国诞生。

还有一些外国政党政要指出，中国共产党的领导将成为实现中国梦的重要保障，而这将取决于中共如何在新的历史条件下不断完善领导体制和执政能力，不断将中国亿万民众的力量凝聚到实现中国梦的伟大事业中来。联合尼泊尔共产党（毛主义）中央委员、外事部负责人苏兰德拉·卡尔基认为，中共注重加强基层党组织建设，发挥党员作用带领村民致富的做法非常值得该党借鉴，这将有助于其更好地在乡村开展工作，不断扩大党的号召力和影响力。智利激进党副总秘书长佩德罗·内拉称，中国共产党是一个组织结构完善有序的政党，在领导 13 亿人口大国方面拥有令人钦佩的能力，中国作为社会主义国家所执行的市场经济原则是世界上独一无二的经验。

二　与中国合作，共同实现美好梦想

作为全球第一大出口国和第二大进口国、世界第一大吸引外资国和第三大对外投资国，中国的发展离不开世界，世界的繁荣同样离不开中国。近年，全球经济增长约有 30% 来自中国，《金融时报》知名评论员马丁·沃尔夫认为，过去是美国打喷嚏全球经济就感冒，现在还应该加上中国一打喷嚏，全球经济也感冒。这一比喻，从经济的角度形象地说明了中国与世界关系的密切程度。要想准确把握中国梦的深刻内涵，就必须把握中国与世界关系的历史性变化。

习近平总书记在关于中国坚持走和平发展道路的讲话中突出强调，"和平发展道路能不能走得通，很大程度上要看我们能否把世界的机遇转变为中国的机遇，把中国的机遇转变为世界的机遇"。对于中国而言，过去的发展机遇主要在于如何吸引和利用好外部的资源和市场。如今，在中国与世界深度融合的情况下，中国要想继续取得成功，就必须思考如何把"办好自己的事情"和"参与世界的事情"更为深入地统一起来，如何使中国梦与世界上其他国家的发展梦想相互融通、相互支撑。

2014 年 3 月，德国前驻华大使、宝马基金会总裁施明贤在德国重要媒体《每日镜报》公开撰文，呼吁欧洲国家不必担心甚至害怕"中国梦"。在其看来，要想理解中国人对民族复兴的愿望，就需要知道中国在 1830 年左右就是世界上最大的经济体，当时中国的经济总量占全球的 1/3，"中国希望重回 19 世纪时的地位，它希望实现本国社会的稳定，这意味着尽可能多的人将分享富裕的蛋糕；它还希望获得外部世界的尊重，中国再也不想成为其他强国的玩物"。施明贤强调，从欧洲方面而言，应当期盼一个强大的中国作为 21 世纪的新的大国，积极地为应对全球化挑战作出新的贡献，欧洲应在这一进程中陪伴中国前行。

英国伦敦经济与商业政策署原署长罗思义指出，习近平主席提出的"四个全面"在西方观察家中引起了广泛兴趣。原因显而易见，"四个全面"具有重大战略意义，它表明中国梦不是只停留在设想中，而是必将逐步成为现实。中国梦符合中国和全人类的共同利益。中国拥有全世界1/5的人口，这决定了中国不可能是一个普通国家，即使中国百姓普通的梦想，也会给世界带来非同一般的影响。中国实现全面小康，不仅会让中国人民的生活水平大幅度提高，还会给世界带来更多机遇，影响世界发展进程。

当然，中国梦的成功实现，更是会给发展中国家以及发展中国家之间的"南南合作"带来宝贵机遇。罗马俱乐部原秘书长、联合国原助理秘书长马丁·李斯认为，面对21世纪以来的新形势，各国认识到曾经驱动发展和全球化的经济模式面临新的挑战。基于实事求是的原则，并通过不断从过去的经验中学习、不断完善政策措施以及制定和实施长期战略，中国在近几十年里取得了巨大发展成就，但现在也迫切需要转变经济发展方式。通过全面深化改革激发经济活力，中国不仅可以确保人民过上更好生活，还可以通过南南合作等帮助其他国家发展，并为其提供可持续、包容性的发展战略启示，对世界作出更大贡献。

对于和中国实现共同繁荣，发展中国家抱有更加强烈的期待。缅甸联邦巩固与发展党副主席泰乌表示，未来数年，全面深化改革对中国顺利实现"两个一百年"目标和中华民族伟大复兴的中国梦具有重要的历史意义，也必将为包括缅甸在内的亚洲邻国提供宝贵发展机遇。非盟委员会副主席姆温查表示，中国是世界经济发展的新引擎、新动力，非洲从中国的发展进程中受益匪浅，中国过去曾贫穷过，不愿看到朋友们仍生活在贫困之中，中国援建的非盟总部大楼项目不仅改善了非盟的办公条件，更是提升了非洲的国际形象，它是非中友谊与合作的象征，更是照亮非中关系未来的灯塔。

尼日利亚国际事务研究所研究员伊法姆·乌比就"中国梦"和"非洲梦"的关系指出，当前中国人民正致力于实现"中国梦"，非洲也行走在大陆复兴的征程上，非洲和中国应在实现梦想的道路上比翼齐飞。他说，如果想要"中国梦"完美牵手"非洲梦"，首先要找准非洲国家现阶段的不同需求，根据非洲各国的实际情况寻找彼此梦想的契合点。阿根廷战略计划研究所所长卡斯特罗表示，新世纪以来巴西、阿根廷等国经济之所以实现了快速增长并成功应对国际金融危机，主要得益于与中国的经贸合作快速发展，未来 10 年，拉美和中国的共赢合作面临快速拓展的新机遇。智利 21 世纪基金会执委会成员、社会党前主席马尔特内尔称，智利欢迎建立中拉合作论坛，这有助于深化双方相互了解，全面推进中拉整体合作。

塞尔维亚贝尔格莱德政治研究所研究员佐兰·皮罗加纳克称，当前全球治理仍是传统西方大国主导，广大发展中国家利益得不到充分保障，发展意愿也无法得到充分体现，中国的成功将大大提升发展中国家在全球治理问题上的话语权和地位。斐济学者、联合国开发计划署发展问题专家玛丽塞妮表示，过去 40 多年，全球最不发达国家由 24 个增加到 48 个，贫困国家比例在扩大，但自 2008 年金融危机以来，发达国家对贫困国家的援助力度却在下降，中国的援助没有附加苛刻的政治条件，希望中国能继续增加发展援助，与世界贫困国家分享成功经验。

毫无疑问，实现中国梦，需要大力营造稳定良好的外部环境，而其他国家也期待中国在地区事务、国际事务上发挥更大的作用。近年来，习近平总书记提出一系列重大外交构想和倡议，例如"丝绸之路经济带"、"21 世纪海上丝绸之路"等。这不仅彰显了中国走睦邻友好、合作共赢道路的诚意，而且更会给相关国家带来实实在在的好处。乌兹别克斯坦参议院外事委员会主席索迪克·萨沃耶夫认为，位于欧亚大陆腹地的中亚国家需要增进区域内和地区间的互联互通，以加强与东亚、欧洲国家之间在基础设施建设、交通运输方面的合作，而首先深化与中国的合作是实现这一目标的主要途径，共建"丝绸之路经济带"将使所有参与国受益。

巴基斯坦重要政治家、参议院国防和国防生产委员会主席穆沙希德·赛义德指出，全球政治、经济权力正由西向东转移，以中国为代表的亚洲国家蓬勃发展、潜力巨大，但亚洲也面临着不少安全危机，例如阿富汗问题，中国作为阿富汗的邻国、上海合作组织和金砖国家的主要成员国，应利用多边平台、整合安全资源，积极参与阿富汗重建，为地区乃至全球的和平稳定做出更大贡献。

除了在周边地区发挥良好作用，国际社会还期待中国能在全球事务上采取更为积极的姿态。南非金山大学教授加斯·谢尔顿指出，过去10年，气候变化、金融危机、粮食安全、公共卫生等一系列挑战接连涌现，不利于全球稳定和长期繁荣；非洲拥有充足的能源和土地，但缺乏可持续发展的系统方案和必要的物质投入，中非双方正发展"合作性相互依赖关系"，互利合作前景广阔、意义重大。

埃及金字塔政治与战略研究中心研究员艾哈迈迪·坎迪尔认为，随着中国、印度、巴西等新兴经济体的力量不断提升，发展中国家之间的贸易和投资会日益增加，将有助于更多国家摆脱贫困和改变不平等不公正的国际经济秩序。埃及外交事务委员会理事、前常驻联合国代表穆尼尔表示，在地区事务和全球治理方面，尽管美国仍维持着超级大国的形象，但难掩实力衰退的事实，欧盟经济实力强大，但对美国亦步亦趋，希望正在崛起的中国不仅在亚洲发挥大国作用，也应在中东等其他地区扩大政治影响力，让中国梦给世界和平发展带来更多福音。

三　中国发展依然面临不少难题

实现中国梦注定是充满挑战的，国际政要和学者在肯定中国发展成就、期待中国梦给世界注入正能量的同时，也提出了中国在这一进程中面临的挑战和问题。他们认为，从世界范围看，大多数发展中国家面临转型难题，发展失衡、贫富分化、社会不公等内生性问题十分突出。如今的中国，已居于发达国家和发展中国家之间的"承上启下"地位，一端与发达国家的高端制造能力、投资需求、消费需求等形成互补，另一端则与发展中国家的资源供应、消费市场扩展、工业化发展需求等形成对接。这既有机遇，也面临难以处理的问题，关键是中国如何处理好国内问题。

俄罗斯科学院远东研究所资深研究员乌索夫指出，中国的农村和农业问题比较突出，农民大量涌向城市、耕地不足、粮食安全等问题都对中国实现长期繁荣构成挑战。他认为，中国还需要从法治上保障经济改革顺利推进，借助新的社会力量维护安定和秩序，扩大中国共产党推动中国实现现代化的社会基础。欧洲知名汉学家、匈牙利前驻华大使叶桐认为，中国在国家实力不断增强的情况下，要继续保持头脑清醒，在升级经济发展战略的同时，也要大力打击腐败，防止两极分化过度发展，推动民主监督、社会公正和依法治国。西班牙著名中国问题学者、加利西亚国际研究所所长胡里奥·里奥斯称，"中国梦"不是一个遥不可及的乌托邦，而是经历几十年长期努力后一个可以达到的梦想。如果社会不公平，"中国梦"就是不完整的梦。中国以前追求的是"效益"，现在则要兼顾公平与效益，需要在社会领域投入很大的努力，让广大人民享受到中国这些年的发展成果。

对于中国共产党在实现中国梦进程中应扮演的角色，瑞典乌普萨拉大学研究员玛利亚·艾丁认为，人们曾错误地以为中国共产党是旧时代的残余，会随着市场改革的深化而失去权力，相反，中国共产党正在使用市场力量来重塑自身，这已经证明了该党比人们所称赞的更富有创新精神。欧洲议会议长舒尔茨、澳大利亚悉尼大学教授克里·布朗等认为，中国"一党制"并非僵化或缺少民众支持，它具备很强的应变和自我修复能力，中共执政日益公开、透明、规范，不断汲取内外经验，成功适应了不断变化的形势。

国际知名中国问题专家、丹麦哥本哈根商学院教授柏思德等认为，务实高效是中国当前制度的最大优势，在中共领导下，中国举全国之力集中优势资源，最终取得跨越、突破和高效发展。一切从实际出发是中国模式的最大特点，中国政策历来根据本国国情制定，它是一种"综合性发展方案"，在尊重本国传统基础上包含了发达国家、新兴国家、前苏联和其他国家的经验。

对于中国道路的世界意义，美国斯坦福大学教授、"历史终结论"的提出者弗朗西斯·福山认为，中国制度的价值内核与思想基础源于其延续数千年的政治文化传统，并在理论与实践两者之间不断积累、调整和提高。他承认，美国和西方已不再被视为发展模式的唯一源头，新兴国家已成为全球经济增长、发展议程和思想观念的重要贡献者，而其中以中国最为突出。欧盟委员会前主席、意大利前总理普罗迪指出，世界经济和政治重心日益转向东方，而中国也在快速崛起，但美国仍执念自身主导地位，对中国身份的巨大转变准备不足，中美能否和平相处将在很大程度上决定中国未来的发展。

美国布鲁金斯学会资深研究员沈大伟认为，尽管中国共产党面临许多挑战，但是中国共产党已经成功地应对和适应了这些挑战，完全能够继续执政下去，因此，中国的政治制度不会发生诸如崩溃或民主化之类的重大变化。在他看来，中国的政治改革将像经济改革一样，也是渐进性的，中国正在形成一种新型的政治体制——"兼收并蓄型国家"。

第二节　如何向世界表达中国梦

一　以开放、包容的胸怀面对世界对中国的疑虑

作为指导当前和未来较长时期中国国内发展战略和对外战略的核心政治理念，中国梦正显现丰富、多元而深刻的内外政策意涵，对中国自身发展道路的重大变革、中国在国际政治、经济、安全、文化格局中的角色变化以及中国与世界关系的重塑具有深远影响。因此，我们应在了解国际社会对中国梦认知的基础上，更加有效地向世界表达中国梦，努力消除外界对中国梦可能产生的误读误解。

毫无疑问，没有任何一个大国的利益能够与国际社会的利益完全

吻合，中国也不例外。实力迅速增强的中国难免会动了别国的奶酪，"中国威胁论"、"中国强硬论"等论调在国际社会也有一定的市场。概括而言，国际社会对中国的内外政策和未来发展方向主要存在以下几个方面的疑虑。

一是认为中国是一个"脆弱的大国"。这种看法认为，面临着复杂而严峻的内部挑战，中国的和平发展缺乏强固的内在根基。难以持续的经济发展、不断扩大的贫富悬殊、日益严重的环境问题，特别是急速上升的资源能源需求等，都可能导致中国同外部世界之间出现更大的矛盾和竞争，甚至爆发激烈冲突。

二是认为中国是一个"强势的大国"。外界有人认为，中国不断加速推进军事现代化，但军事透明度不够，又不愿完全放弃以军事手段解决现存的主权和领土争议问题，中国的和平发展缺乏必要的安全制衡。

三是认为中国是一个"另类的国家"。有人说，中国具有独特的文化传统、政治制度和意识形态，同当今世界其他大国的价值观、世界观、权力观和责任观有显著差异，因此中国的崛起会冲击现存国际秩序。"中国模式"同西方现代化模式格格不入，两者之间的"零和"竞逐在所难免。

四是认为中国是一个"资源饥渴型国家"。在同资源大国和其他发展中国家的关系中有"新殖民主义"倾向，向外输出资本，在获取海外能源资源时很少考虑生态平衡、当地劳工权益、善政等问题，甚至力图在重要的战略支点国家进行"前沿部署"，争夺对交通要冲的控制权，排挤和损害其他国家的利益。

五是认为中国难逃"国强必霸"的历史覆辙，特别是必将挑战不愿放弃霸权的超级大国——美国。有人担心，"一山不容二虎"的规律，将导致中日两国在东亚冲突，中美两国在更大范围内"摊牌"。在这一过程中，即使中国不主动挑起争端，力避衰落的霸权国也会先发制人，从而引发严重的大国对抗甚至战争。

应当看到，上述这几方面的质疑并不是国际社会对华认知的全部，也不会是主流。它们之所以会出现，不外乎以下几点原因。首先，国际社会对中国历史、文化、国情、国策了解不足，全球文化格局中"西强我弱"的总体特点依然存在。据《中国国家形象全球调查报告 2013》调查报告，国际社会对中国文化的认知还停留在中国的传统文明、经济实力上，相比较而言，对中国的现代文明、政治理念、商业品牌和大众文化等认可度低。

其次，很多欧美国家人士的中国观仍囿于固有的思维框架和意识形态偏见。以美国为例，长期以来，美国对华战略的目标之一，就是通过与中国的接触与合作，塑造出一个能够按照美国希望的方向发展的中国。很多美国人在看待中国这样一个新兴大国时，难以跳出根深蒂固的"美国中心论"、意识形态色彩浓厚的"民主和平论"和大国兴衰的"历史宿命论"。美国哈佛大学教授、《文明的冲突》一书作者塞缪尔·亨廷顿曾言，"对于美国来说，一个理想的敌人就是在意识形态上与美国敌对，在种族和文化上与美国相异，在军事上有足够能力对美国的安全构成实实在在的威胁"。近年来，在美国的确有一种论调颇有市场，即"中国模式是美国的意识形态威胁"，有人甚至提出"当下的中国与鼎盛时期的苏联没有什么不同"，"中国正向世界各地输出自己的政经模式"。

第三，在中国加快发展的过程中，有关国家的权益与中国权益之间客观上存在矛盾。比如，欧洲国家非常担心越来越具有科技含量的中国产品会给其带来挑战。2014 年 3 月初，欧盟委员会发布调查报告称，虽然目前在科研和创新方面，中国的表现仅有欧盟 44% 的水平，但中国正快速追赶，欧盟必须加大对科研的投入以保持优势。显然，随着中国产业结构的调整和更新升级，中国产品已经在某些领域和欧洲产品形成直接竞争，贸易摩擦自然难以避免。欧盟委员会于 2013年裁决征收惩罚性关税的 12 例案件中，有 7 例涉及中国公司。显然，由于现实利益的矛盾和政治制度、文化传统、社会发展理念等方面的差异，欧洲对于中国崛起的"心病"不会轻易消除。

应当认识到，国家间的疑虑、猜忌和互不信任是国际政治的一种常态，如何应对横亘在中外之间的认知"铁幕"，是我们在实现中国梦的进程中无法回避也不应回避的重大挑战。外部世界对中国的疑虑反映了全球化时代各国在文化观念、价值体系和制度选择方面的多样性和复杂性，是中国与世界关系重新磨合、重新调适、重新构建过程中难免出现的副产品。能否以开放、包容的胸怀看待这些质疑，能否对自身发展道路和战略意图作出耐心、虚心而又有说服力的解释，本身就是对中国的一大考验。

二　向世界表达中国梦，重点是三个"讲清楚"

中国梦的实现过程，也是中国不断与世界增进相互理解的过程，而这需要中国不断增强对外传播能力，向世界清晰、准确地表达中国梦。习近平总书记指出，中国梦的宣传和阐释，要与当代中国价值观念紧密结合起来。他强调说，中国梦意味着中国人民和中华民族的价值体认和价值追求，意味着全面建成小康社会、实现中华民族伟大复兴，意味着每一个人都能在为中国梦的奋斗中实现自己的梦想，意味着中华民族团结奋斗的最大公约数，意味着中华民族为人类和平与发展作出更大贡献的真诚意愿。

向世界表达中国梦，应做到三个"讲清楚"。首先，要讲清楚中国梦内涵的丰富性，它绝不仅是国家梦，更是亿万中国老百姓追求美好幸福生活的个人梦。中国梦具有多层面的深刻内涵，要努力引导国外受众更加全面深入地理解中国梦。中国梦是对"两个一百年"目标的形象性概括，其基本内涵是国家富强、民族振兴、人民幸福。中国梦是和平梦、发展梦、合作梦，不是"强权梦"，更不是"霸权梦"，它是中国人民追求美好生活的梦想，与世界各国人民追求和平与发展的美好梦想息息相通。

中国梦具有演进性。从历史看，"美国精神"是在美国经济、社会、文化的长期发展中形成的，"美国梦"这一理念的造就并不是一朝一夕完成的。中国梦是一种进行时概念，而不是完成时概念，体现的是中国人一种面向未来的积极愿景和乐观精神。中国梦的国际传播应是中国国内经济社会生活、国内发展理念和道路的自然外化。在国际传播中，我们应该通过中国梦，突出展现国家层面、社会层面和个人层面的自信、自省、自强和自新。

毫无疑问，中国梦应具有个体性，而不是像有些国外人士所称的"只见国家、不见个人"。"个人的赋权"是世界发展的大趋势，向往和努力实现美好生活这个主题可以让中国梦具有对各国梦的相通性。韩国总统朴槿惠提出了"国民幸福时代"这一口号，哈萨克斯坦政府制定的《哈萨克斯坦－2050》战略计划力图使该国于2045年进入发展中国家前五名，成为世界最发达30国之一，于2050年前建成"全民福利国家"。当前，全球多个地区和国家都在经历中产阶级的崛起，世界将逐渐进入个体权利彰显的"我时代"。美国智库布鲁金斯学会预测，仅在亚洲地区，2020年左右将出现17亿中产阶级，2030年中产阶级人口将达到30亿。成长中的中产阶级是最有梦想的社会阶层，中国梦强调每个人都有人生出彩的机会，这种充分推动个人自由全面发展的理念应成为中国梦国际传播的重要元素。

其次，要讲清楚中国梦的世界意义。应注重从价值理念、国际规范和规则层面阐明中国梦给世界发展带来的正能量，努力使中国的"国家话语"与国外民众更容易理解和认同的"世界话语"产生共鸣。中国梦体现的是，中国既从自身文化传统出发，立足本国国情，又力图彰显时代特色和全球关怀的价值追求。中国梦这一概念从不同的方面折射出中国人对国际人权理念、国家发展道路、国际关系模式等问题的主张，将为世界和平与发展提供"中国智慧"。

与中国政府之前提出的重大政策主张相比，中国梦带有更加强烈的价值追求意味，也带有更新中国政策话语体系的意味。中国共产党十八届三中全会提出全面深化改革的任务，其总目标是完善和发展中国特色社会主义制度，推进国家治理体系和治理能力现代化。有学者指出，从"管理国家"到"国家治理"的转变，体现了中国执政党价值观的某种深刻变化。法国共产党前主席罗贝尔·于指出，中国道路必须具备人文精神，中共领导人提出的中国梦则是有针对性地赋予中国社会精神层面的追求。

在实现中国梦的过程中，中国有责任、有能力向世界贡献完善国家治理的"中国方案"。弗朗西斯·福山在反思美欧国家政治体制弊端后，曾提出现代自由民主制度应将国家、法治和负责任政府这三者结合在一种稳定的平衡之中，所有政治制度都可能面临衰败，都需要不断革新。美国资深企业家、贝格鲁恩控股公司董事长尼古拉斯·贝格鲁恩为推动寻求更有效的国家治理之道创立了"21世纪理事会"，他提出东西方国家要相互学习借鉴，从而实现"21世纪的精明治理"，中国向美国学习如何更好地回应民意，西方国家应向中国学习如何制定并实施超越选举周期的长期计划，发展"负责任的精英体制"。新加坡前常驻联合国代表、知名的亚洲思想家马凯硕也提出，在这个新世纪，东西方的发展道路和法治经验应寻求"大融合"，应共同反思什么是更有效的民主原则以及如何确保对法治的尊重。

在这样的背景下，中国梦应向世界传达一种具有中国自身文化底蕴又不乏鲜明时代特色和深远全球关怀的价值理念。中国在国际上不能仅是"反对什么"，而要讲清楚中国"想要什么"，想要什么样的世界，想要什么样的生活。实际上，中国当前正在大力推进的全面深化改革事业，其本身就蕴含着非常丰富的价值理念资源。比如，转变经济发展方式、促进绿色经济、推动生态文明建设既是一种政策取向，也是一种价值理念。我们需要把这些价值理念更加明确地表达出来。

第三，要讲清楚中国梦与中国坚持和平发展对外战略的辩证关系，凸显中国梦的实现将产生积极的外部影响。应该说，目前国际社会对于中国梦的认知和解读尚处于初始阶段，亟待引导和深化。不同地区和国家对中国梦呈现不同的认知。应针对少数西方政客和媒体将中国梦诬称为"霸主梦"、"军国梦"等言论作出有力回应，促进各国客观理性地看待中国梦和中国的对外战略意图。中国梦是维护世界和平之梦，坚持走和平发展道路，是中国对外战略的重大抉择。实现中国梦，离不开和平稳定的国际环境；中国在实现中国梦的进程中，将成为捍卫世界和平、应对全球性挑战的更加坚定有力的力量，将适度承担更多的国际责任，做负责任的大国。

改革开放 30 多年来，中国的发展一直与世界同行。自 2001 年加入世界贸易组织以来，中国不断降低进口产品关税税率，取消所有不符合世界贸易组织规则的进口配额、许可证等非关税措施，全面放开对外贸易经营权，扩大外资市场准入。10 余年来，中国货物贸易额的全球排名由第六位上升到第二位；中国对外直接投资年均增长 40% 以上。中国每年平均进口超过 7500 亿美元的商品，为贸易伙伴创造大量就业岗位和投资机会。中国经济对世界经济增长贡献率已达到 20% 以上。国际金融危机和欧洲主权债务危机发生后，中国与国际社会一道，同舟共济、共克时艰，为世界经济稳定、复苏作出了重要贡献。2013 年，中国进出口总值达到 4.16 万亿美元，对外投资也超过 900 亿美元。

在重大国际和地区安全问题上，中国也在发挥日益重要的作用。中国积极参与维和行动，累计向联合国 30 项维和行动派出各类人员约 2.1 万人次，是派出维和人员最多的联合国安理会常任理事国。中国与国际社会共同努力，积极应对恐怖主义、大规模杀伤性武器扩散、气候变化、粮食和能源安全、重大自然灾害等全球性挑战。至今，中国已加入 100 多个政府间国际组织，签署了 300 多个国际公约。实践证明，中国已成为国际体系的积极参与者、建设者、贡献者。中国持续快速发展得益于世界和平与发展，同时中国发展也为世界各国提供了共同发展的宝贵机遇和广阔空间。

中国实现自身美好梦想的过程，也是进一步扩大开放、与各国分享更多发展成果和发展红利的过程。中国转变发展方式、调整经济结构、扩大对外投资、促进生态文明建设等努力也将给其他国家创造更大发展机遇。此外，中国梦正在成为中国外交新的重要指导思想，也是中国外交实践中可以运用的理念性资源。国务委员杨洁篪在阐述中国梦对中国外交理论和实践创新的影响时指出，中国梦重要思想不仅大大激励了中国人民实现中华民族伟大复兴的决心和信心，同时也有力提升了我国对外影响力和亲和力，增强了我国在国际事务中的地位和话语权，充分体现了内政和外交的有机结合与高度统一。实际上，中国梦这一核心理念在中国处理大国关系、建立周边命运共同体、深化与新兴国家和发展中国家关系、参与国际事务和多边合作等方面都在发挥影响。中国梦与"新型大国关系"、与周边国家构建命运共同体等外交倡议之间存在密切联系。我们需要结合具体外交政策向不同地区和国家的民众讲清楚中国梦的丰富内涵。

第三节 唱响"改革开放是实现中国梦的 根本路径"的主旋律

2013 年 11 月，中共十八届三中全会通过《中共中央关于全面深化改革若干重要问题的决定》之后，在中国掀起了新一轮改革大潮。可以说，想要中国梦不从"梦想"沦为"空想"，就需要通过不断深化改革、扩大开放为中国发展赢得更多机遇和空间。中国梦的国际传播不能流于空泛，也不能过于抽象，而是应找准国际社会对中国的最重要关切，并在此基础上确定中国希望向国际社会传达的核心信息。应当说，当前和未来一个时期，外部世界对中国的新一轮改革进程高度关切，就中国梦的国际传播而言，我们需要唱响"改革开放是实现中国梦的根本路径"的主旋律。

一 中国正迈进新一轮改革开放征程

从中国改革发展的长时段历史观察，不少人提出，中共十八届三中全会就其重要性而言堪比 35 年前的十一届三中全会。美国《华盛顿邮报》刊文称，十八届三中全会是继 1978 年邓小平掀起市场化改革大幕、1993 年江泽民使中国改革步入全球化阶段之后的第三波改革浪潮。邓小平同志领导开启的改革开放进程给中国带来巨变，短短 35 年，中国以年均超过 10% 的增长率成为世界第二大经济体，6 亿中国人摆脱贫困，一个有着千年集权和封闭历史的"中央王国"逐步与世界接轨。中国的改革开放可谓人类发展历史上的最伟大成就之一。从某种程度而言，今天中国面临的问题是前一阶段的改革开放的"成功"所带来的问题，而解决这些问题比35年前开启改革进程要更加复杂也更具挑战性。

因此，要想讲好"改革是实现中国梦的根本路径"这个故事，就需要向国际社会阐释中国当前进行的新一轮改革面临哪些新的复杂挑战。

首先，改革虽然已经成为中国国内总体意识形态、社会生态和政治话语的一个有机组成，但由于中国社会的多元性日益增强，不同人不同群体都怀揣不尽相同甚而迥然各异的改革构想。正是在这一背景下，对于中国的新一轮改革而言，万众期待易，但真正做到众望所归、皆大欢喜却越来越难。正因此，习近平总书记强调，"搞改革，现有的工作格局和体制运行不可能一点都不打破，不可能都是四平八稳、没有任何风险"，"一定要有自我革新的勇气和胸怀，跳出条条框框限制，克服部门利益掣肘，以积极主动精神研究和提出改革举措"。

其次，新一轮改革将不再只是"摸着石头过河"，建立"系统完备、科学规范、运行有效"的制度体系已经被确定为目标，这也将是实现中国梦的制度保障。"自下而上"更多考验的是执政者的心胸气度，"自上而下"则是一场更为艰困的自我较量。全面深化改革的总目标是完善和发展中国特色社会主义制度，推进国家治理体系和治理能力现代化，并且将2020年作为确定的时限。应该说，"治理"这个核心概念本身就意味着开放、公平、协商、透明，对治理体系和治理能力的强调可谓有关中国政治体制改革的重要理论突破。而从经验到制度，从初级阶段的制度再到"更加成熟更加定型"的制度体系，无疑是对中国新一轮改革提出的严峻考验。

第三，应向国际社会强调新一轮改革的"全面性"，以及中国领导层更加注重各领域改革的关联性和各项改革举措的耦合性。说到底，这就是要确保改革举措相互"不打架、不冲突"，确保全面深化改革这项"复杂的系统工程"能够顺利推进。近年，中国推进的很多政策议程似乎是彼此矛盾的，比如压产能和保就业、调结构和稳增长。此外，户籍制度改革将使 2.5 亿农民工有望获得作为城市居民所享有的充分权利，这对于缓解劳动力资源紧张、促进城镇化、推动消费型经济发展有很大好处，但同时也会导致教育、医疗和社会保障支出激增。而地方政府由于担心财政收入短缺问题，可能还会抵制赋予农民更大权益的土地制度改革。将中国新一轮改革的复杂性讲清楚，就可以向国际社会表明，实现中国梦，道路并不平坦，而要克服各种挑战，中国将付出艰苦努力。

最后，应指出中国改革所处的国际环境已经发生重大变化，这正是中国和国际社会需要加强沟通的推动力。对中国的新一轮改革，国际社会特别是欧美国际存在既期待又担心的复杂态度。35 年前，作为一个落后和长期封闭的共产主义国家，西方世界张开双臂，满心欢迎中国开启改革，融入世界。如今，中国处于发达国家和一般发展中国家之间的"不高不低、不上不下"的位置，面临的是一种"前堵后追"的困境——一方面是发达国家的高端产品竞争、技术转移限制等挑战，一方面是发展中国家带来的中低端产品竞争和产业转移压力等。正如美国传统基金会研究员史剑道所言，中国改革成功还是失败，对美国来说都是毒药，一个成功的、改革的中国对美国经济领袖地位构成重大挑战；一个停滞的、紧张的中国对美国也会构成重大挑战。

从中国改革开放的历史进程看，中国内部选择的政策议程和发展道路从来都是与中国和外部世界关系紧密相连的。过去的发展机遇主要在于中国如何吸引和利用外部的资源和市场，改革开放 30 多年来，中国的发展主要基于我们与发达国家的经济互补性，以廉价劳动力等低成本要素与欧美的资本技术要素和市场需求相结合，形成"两极互补"的基本格局。当前，中国面临要素成本上升、资源环境约束、内部经济结构失衡等诸多深层次矛盾，这些矛盾是经济长期快速增长的伴生物，只能靠更加深入的制度创新和结构转型来应对。中国发展的战略机遇来源正从过去的"内外并重"转为"以内为主"，其内涵已从"规模扩张型"变为"结构升级型"。

在这种情况下，中国要想实现中国梦，就必须形成和巩固新的比较优势，努力促进低成本优势向创新优势、规模优势向资本技术优势、政策引导优势向内生增长优势的转变。换言之，新的比较优势将来自于本土市场、基础设施、配套产业、人力资源等构成的综合优势，这是世界上大多数国家无法企及的优势。而激发新的优势，必须依靠全面深化改革。

二　努力落实改革蓝图

中共十八届三中全会指出，"实现中华民族伟大复兴的中国梦，必须在新的历史起点上全面深化改革"，必须"进一步解放思想、解放和发展社会生产力、解放和增强社会活力，坚决破除各方面体制机制弊端"。可以说，改革开放是当代中国最鲜明的特色，是决定当代中国命运的关键抉择。然而，实现中国梦，不仅要有改革的意愿，要有改革的蓝图，而且更要有落实改革蓝图的有力举措。

习近平总书记强调，"制定出一个好文件，只是万里长征走完了第一步，关键还在于落实文件"。为了将改革蓝图变为现实，为了加强改革的顶层设计和总体统筹，中央全面深化改革小组应运而生，习近平总书记任组长，小组下设经济体制和生态文明体制改革、民主法制领域改革、文化体制改革、社会体制改革、党的建设制度改革、纪律检查体制改革六个专项小组。中央全面深化改革领导小组是党中央设立的，层级更高、协调面更宽、更具权威性，所有与改革有关的部门，都由中央统筹协调，既有政府部门，比如经济领域的改革涉及财政部、国资委、央行等20多个部门，也有中央机构，比如中央编制办、中央政法委等。

中央全面深化改革领导小组成立后，一方面推动中央政府各部门高效率地开展工作，另一方面各地方也都建立了相应的改革统筹协调机构，保证改革的"顶层设计"能够自上而下贯彻实施，同时破解盘根错节的地方利益格局。十八届三中全会提出的改革任务已经被分解为 300 多个改革项目，每个改革项目都有明确目标、路线图、时间表和工作责任，以确保 2020 年在重要领域和关键环节改革上取得决定性成果。目前，中国各地区各部门都在按照总体部署，结合实际情况推进改革，并已经形成一些成果。比如，从中央到地方政府大规模简政放权，取消和下放一大批行政审批项目、公开政府权力清单、形成全国统一的城乡居民基本养老保险制度、实行工商企业登记注册便利化等。

中国新一轮改革的突出特征是以问题为导向，以人民为中心。正如习近平所言，改革由问题倒逼产生，又在不断解决问题中得以深化。人民群众是改革的主体、发展的目的、稳定的基石，改革的红利要体现在人民切身利益上，发展的成果要惠及群众，稳定的环境要建立在民意支持的基础上。习近平总书记指出，"要坚持把改革的力度、发展的速度和社会可承受的程度统一起来，把改善人民生活作为正确处理改革发展稳定关系的结合点"。中国不是为了改革而改革，改革是为了解决矛盾和问题，特别是那些最受人民群众关注的问题。民之所盼，施政所向。要凝聚全面深化改革的共识与力量，就要从人民利益出发，确定改革的主攻方向，提升决策的全局性、前瞻性和科学性。中国梦的实现，不仅要落实到制度建设上来，更要以实实在在地解决普通民众的日常生活难题为导向。

随着 PM2.5 这个很不"中国"的概念在中国流行开来，坚决治理"霾害"成了政府、社会和民众的突出共识。2014 年 3 月，李克强总理在政府工作报告中已经明确表示，"要像对贫困宣战一样坚决向污染宣战"。雾霾是大自然向粗放发展方式亮起的红灯，关乎能源生产和消费方式变革、产业结构调整、经济转型升级的重大命题。解决问题最终也有赖于国家治理体系和治理能力的现代化。从这个意义上讲，治理雾霾，既是回应民众的迫切诉求，也是全面深化改革、推进国家治理体系和治理能力现代化的突破口之一。为了有效治理雾霾，从中央到地方政府，都在建立健全相关法律法规和管理制度，以强有力的法律手段作保障，同时调整官员政绩考核指标，真正使地方政府从污染的 GDP 依赖中解放出来，从污染的财政收入中摆脱出来，痛下决心转型，走可持续发展之路。

除了落实改革的领导体制机制、加强环境治理等具体改革举措，最能吸引国际社会对中国新一轮改革关注度的还有"反腐"问题。官员队伍不好，体制再好也很难实现改革目标，官员的执政理念、价值观、个人素养都直接影响国家治理体系的构建。近年来，中共大力改进工作作风、整肃腐败，完善纪检监察体制，强化对权力运行的制约和监督，"全面从严治党"取得了令人瞩目的成绩。从严治党、从严治官，由政风的转变带动社会风气的转变，从而为全面深化改革创造良好的政治生态环境，是中国应向国际社会努力传播的重要信息。

总之，改革开放为实现中国梦奠定坚实基础，提供可靠保障，没有改革开放，就没有中国的今天，也不会有中国更加美好的未来。正如习近平所言，"光有立场和态度还不行，必须有实实在在的举措。行动最有说服力"。改革开放既是实现中国梦的助推器，也是实现中国梦的重要保障。在改革开放中确立和发展的中国特色社会主义制度，是当代中国发展进步的根本制度支撑。但这一套制度还不是尽善尽美、成熟定型的。目前依然存在的体制机制弊端和各种社会矛盾，例如现代市场体系发育尚不成熟、经济发展方式转变尚不彻底、政府职能转变尚不到位、区域发展不协调、贫富差距拉大等，制约和阻碍了中国经济社会发展和中国梦的实现。解决这些矛盾和问题，根本出路还在于改革开放。改革开放只有进行时，没有完成时；改革开放中的矛盾只能用改革开放的办法来解决。推进改革开放与实现中国梦是内在统一的。为了让世界更好地了解中国梦，在开展国际传播时应着力唱响"改革开放是实现中国梦的根本路径"这一时代强音。

结　　论

　　在人类发展的历史长河中，民族兴衰成败的例子不胜枚举。有的民族建立了伟大的国家、称霸一方；有的民族建立了伟大的文明、雄踞一时。它们都为今人提供了民族发展、兴盛与衰败的镜鉴。中华民族在这曲百转千回、荡气回肠的人类历史乐章中，始终是一段动人心魄的壮美旋律。作为一个古老文明的现代传承者，中华民族有值得自己骄傲和珍惜的历史辉煌、历史财富和历史智慧，中华民族也有值得我们警醒和铭记的历史教训和历史屈辱。在当今这个时代，中华民族的历史任务，就是在历史人物创造的巨大成就的基础上，延续过去的光荣和辉煌，书写中华民族伟大复兴的未来诗篇，描绘中华民族亿万儿女幸福生活的美丽画卷。实现和完成这个历史任务的过程，对于本民族的整体和每个个体来说，就是追求和实现"中国梦"的过程。"中国梦"既是整个华夏神州的大梦想，也是每个炎黄子孙的小梦想；既是中华民族复兴的宏图伟业，也是平民百姓幸福生活的人生追求。这曲慷慨雄壮的民族交响乐，既是由一段段或委婉或激昂的旋律汇合起来的，也是由每一个高高低低跳动着的音符组合而成的，它随着历史的发展流动、跳跃，汇聚成江河、海洋，形成不可阻挡的时代洪流。

　　"万物并育而不相害，道并行而不相悖"。60多年前，周恩来总理曾经在万隆会议上用中国先贤的箴言来表达我们对于世界观和文明多样性的认识和理解，这一智慧豁达的思想始终在指导着中国今天的外交理念。我们从来不认为一个民族的兴盛和强大，就意味着其他民族和人民的灾难和痛苦。中华民族自古就是一个热爱和平、厌恶征战的民族，中华民族的近代史也曾遭遇过战火的屈辱，我们既不愿意自己再度遭遇这样的困难，也不希望将这种苦难施加到别人身上。因此，我们虽然致力于实现民族复兴的中国梦，但我们不会采取非和平甚至战争的方式来实现中国梦和中国崛起。当然，中华民族也是勇敢和不避危难的民族，我们渴望和平、期盼合作，绝不意味着我们畏惧强权、害怕侵略，我们一方面坚持走和平发展道路，另一方面也积极进行国防发展和军事现代化，对国际上敌视中国和图谋不轨的势力形成威慑，有效地捍卫我们的国家统一、主权和领土完整。我们深知，中国梦的实现既需要中华民族自身的努力奋斗，也需要同外部世界的和谐相处与互利合作，因此我们要始终不渝地坚持改革开放、坚持走和平发展道路。

　　中国梦的实现不可能在与世隔绝、闭关锁国的情况下完成。在当今时代，要实现中国梦就意味着我们要尽可能广泛地同世界各国和各方面的友好力量和平共处、互利合作，积极学习外部世界的优点、长处和先进经验，借鉴外部世界的科学技术、管理方法和各方面智力成果，结合本国特点和实际，实现自身更好更快的发展。我们要充分利用外部的资金、市场和资源，为本国的经济社会发展提供更广阔的空间和更充足的机遇，积极融入世界经济体系，并且在其中发挥积极的、建设性的作用。众所周知，今天的全球经济体系和国际秩序的基本框架，是在二战后由美国为首的西方国家主导建立的。这一秩序在某种程度上更多地代表了这些先发国家的利益，对于发展中国家存在不公平、不合理的方面。但是我们明白，新兴力量不可能像世界近代史上的霸权更迭一样，凭借战争、革命或者冷战敌对的方式去改变这一秩序，这样做只会引起新的对抗甚至战争，对己对人都是弊大于利的，对抗性的零和博弈是危险和无效的国际关系处事原则，已经被历史证明是过时和落后的了。我们主张建立国际政治经济新秩序，主张一个更加公平、合理的全球秩序，我们绝不会采取暴力的、过激的手段去达成这个目标。我们要实现改善国际政治经济秩序的目标，依靠的是自身的和平发展，依靠的是平等的国际协商和对话，依靠的是南南合作与多边协商。我们愿意尊重现有的国际规则和国际规范，不挑战西方国家的核心利益，同时在捍卫自身核心利益的基础上，通过交流、合作实现国家之间的共同发展，并在此基础上推动建立一个更加公平、合理的国际政治经济新秩序。这意味着，中国梦并不是要对发达国家构成挑战，中国梦不是"霸权之梦"，不是要用一种帝国主义形式去代替另一种帝国主义形式。当然，如果个别国家不愿意看到中华民族的复兴，并且要强行用霸权主义的方式来捍卫自身不正当的利益，不允许或阻碍中国的和平发展，那么我们也不会畏惧或者退却。

　　当今时代早已不再是殖民主义大行其道的时代，中国梦的实现也不可能建立在对其他国家剥削和奴役的基础上，西方近代的侵略和殖民历史曾经给第三世界国家带来过深重的苦难，并且最终在民族独立运动的浪潮中退出了历史舞台。虽然这段历史曾给西方现代文明带来了短暂的辉煌，但对全人类来说却是一场灾难和痛苦的回忆，把自己的美梦构筑在别人的噩梦之上，这样做的结局注定是引起反抗和无休止的战争。"一花独放不是春"，中国梦也不可能是以邻为壑、独善其身的黄粱美梦。当今世界处于国家之间、民族之间相互高度依存的时代，人类已经日益成为一个相互紧密联系的命运共同体，利益均沾、风险共担，中国也不可能在其他国家都落后或不发展的情况下，单独实现自身的富裕和繁荣，中国也不愿意在实现自身的繁荣发展时，不向周边国家或第三世界国家施以能力范围之内的帮助。无论是因为历史上，第三世界国家曾经在政治上给予过我们必不可少的支持，还是因为我们同新兴民族国家有着相似的历史遭遇、历史记忆，在争取国家独立、民族解放的过程中曾相互支持、相互帮助，或是因为我们同新兴经济体在现有的、存在不公平、不合理之处的国际政治经济秩序中有着相似的感受，抑或是从人道主义和现实利益的角度考量，我们都应该在实现自身发展繁荣的时候，积极帮助发展中国家和周边国家实现它们的发展，并且通过和新兴经济体积极开展合作来推动全球的共同发展和共同繁荣，使得中国梦的实现过程也对这些国家自身梦想的实现提供帮助。因此我们积极地推动南南合作，参与多边和全球治理，并且积极推动同周边国家的互联互通和地区经济一体化建设，向其他发展中国家和包括非洲在内的第三世界国家提供力所能及的援助和支持。中国用切切实实的行动向国际社会证明我们不仅关心自己的发展，也关心其他国家的发展和其他国家人民的福祉，愿意在自身能力范围内向别人提供帮助。

中华民族有"和而不同"的古训，中国梦是中国人的梦想，是我们这片土地和文化温床孕育出来的梦想，反映了中国人对美好生活的向往和追求，我们从来不会认为我们的梦想是其他人也必须要接受的。西方一些势力大力鼓吹的"普世价值"和西方制度模式绝对优越的偏见已经在中国蓬勃发展的事实面前摇摇欲坠了，这恰恰证明了它们的意见并不是真正的"真理"，只是一种意识形态神话。所以，尽管我们对自己的道路有着坚定的信心，对我们要实现的美好生活有着无限的憧憬，我们也不会将中国梦作为一种新的"普世价值"强加于人。中国人应该有中国人自己的生活方式和理想境界，这种生活方式是以我们自身的文化传统和文明起源为根基的，反映着我们祖先和今贤的智慧和思想，适合我们的国情、社情和民情，也是我们区别和不同于别人的标识。我们借鉴外部的先进文明成果、科学技术和思想理念，绝不等于我们要和别人过一样的生活、有一样的理想，更不等于我们会要求其他人也要过和我们一样的生活，也追求和我们一样的目标。我们深刻地认识到，民族之间风俗不同、文化各异，人类社会存在着文明多样性和制度模式多样性，制度模式都存在着适合不适合、有效不有效、能不能生根落地的问题，对于西方社会有效的未必对于中国社会就有效。反之亦然。因此，中国梦不希望也不能够对西方自身的价值观构成威胁和挑战，也完全不是为了这样的目的和考虑而提出的，中国梦是中华民族和中国人自身价值观的一种反映和提炼。当然，如果西方一些人非要将西方的价值观念和制度模式说成是"普世真理"强加于人，并且用偏见和强力来推行他们的生活方式，那么我们也会用事实来证明他们的谬误。

坚持有中国特色的社会主义制度，通过积极努力实现自身的可持续发展，实现中华民族伟大复兴的中国梦，就是对西方偏见的最好回应，就是对西方所谓"普世价值"神话最有力的证伪。而且，我们还要毫不避讳地说，中国的发展模式和制度，同样为其他国家提供了一个可供参考的制度设计和经验，我们乐于同其他国家分享我们的经验和理念，但并不要求其他人向我们学习，我们也没有做教师的愿望。每个国家有自身的国情禀赋和社情民意，他们也有权利选择自己的道路，设计自己的制度模式，我们认为自己的制度模式是正确的、适合自己的，但不认为它一定适合别人，如果其他国家希望同我们开展交流，我们也愿意同它们分享我们的经验和智慧，但不会将自身理念强加于人。

中国梦的实现，离不开一个良好的外部环境，离不开国际社会的支持和理解。因此，我们希望世界各国能够本着平等互利、合作共赢的精神，同中国携手实现共同发展、共同繁荣，为中国梦的实现过程提供助力。反过来，中国梦的实现，也必将为世界提供更多的发展机遇，更加美好光明的未来，对人类共同体和国际社会的发展繁荣产生积极影响。经过改革开放30多年的实践，中国已经使5亿人摆脱了贫困，这本身就是为全人类作出的巨大贡献；而且，在快速发展的同时，中国也已经成为很多国家重要的贸易伙伴，为其他国家的基金、技术提供了一个良好的、蓬勃发展的市场，中国的经济快速增长目前已经成为全球经济增长的重要引擎。中国的发展不仅是世界经济的稳定器和推进器，还日益成为维护全球安全和地区稳定的一个可靠力量。中国目前已经是联合国维和行动中派出人员最多的国家，中国在减免贫困国家债务和向发展中国家提供援助方面也作出了巨大贡献，中国积极倡导的"新安全观"和"核安全观"等，为全球安全提出了源于东方智慧的解决方案，中国在朝核问题、伊核问题等国际热点问题上的外交斡旋以及劝和促谈的外交努力，也为地区和全球的安全稳定发挥着积极作用。当然，国际社会上也有一些国家和一些人对中国的发展持有不同看法，一些势力有意散布"中国威胁论",挑拨中国和邻国的关系,炒作中国和有关国家的双边争议,极力将中国的发展塑造成一个追求霸权的过程,对中国的和平发展道路持怀疑态度。"青山遮不住,毕竟东流去",面对这种无端指责,我们只有更加坚定地走和平发展道路,以更开放包容的胸襟和态度来开展国际合作,让事实和历史发展来说话,证明中国和平发展的正当性和现实性。

中共十八届三中全会召开后,中国的改革开放征程又进入了深化改革的新阶段,我们明确了"两个一百年"的奋斗目标,即到2021年建党100年时,国民经济更加发展,各项制度更加完善;到本世纪中叶,建国100年时,基本实现现代化,建成富裕民主文明的社会主义国家。为了完成这个宏伟的战略目标,举国上下正在"齐心协力搞建设,一心一意谋发展"。

在外交领域,新一届中央领导集体就任后就开展了频密的外交活动,访问了周边地区和非洲、美国、欧洲的多个国家,在保持各个双边关系稳定发展的地区上,积极开展务实合作,确定了未来的合作框架;同时,在"亚信峰会"、"核安全峰会"等一系列多边场合,中国领导人也代表中国发出了对于未来国际秩序有重要影响的"中国声音"、"中国方案"和"中国观点",为推动国际政治经济秩序合理化和维护世界和平稳定作出了贡献。上述一系列外交活动的实施开展,为中国的经济社会可持续发展、完成深化改革任务、实现中国梦的宏伟目标创造了良好的外部环境。目前,新时期的外交战略布局已经基本完成,中国共产党及其领导的中国政府已通过自身努力为实现中国梦塑造良好的外部环境打下了坚实基础,接下来,还需要全社会从上到下的各方面力量,脚踏实地,开拓创新,将各项协议和任务转化为实实在在的成果和成就。

中国梦,是我们自己的梦想,但是这个梦想绝不是顾影自怜的空想,也不是自命不凡的妄想,我们深知这个梦想的实现离不开中国作为国际社会成员的这个身份属性,离不开我们对于世界大环境和国际形势发展变化的深刻认识。"穷则独善其身,达则兼济天下",全体中国人民愿意用自己的辛勤劳动和聪明才智，同世界上支持中国发展的各方面友好力量积极合作，让中国梦成为世界梦的一部分，让中国的和平发展为世界和全人类的发展繁荣提供积极动力，让中国梦为世界梦注入正能量！

后　记

习近平总书记提出实现中华民族伟大复兴的中国梦引发了国际社会持续关注。许多国家的政要、智库和主流媒体深入研究中国梦的世界意义和国际影响，将中国梦作为研判中国发展方向、理解中国内外政策的重要途径，并普遍给予积极评价。但也有少数别有用心的西方媒体和政客对中国梦进行刻意歪曲，诬称中国梦是"帝国梦"、"霸权梦"、"强权梦"等，这些负面误读与中国梦的美好价值内涵和实践追求风马牛不相及。为帮助广大读者正确认识中国梦与世界的关系，中联部当代世界研究中心的研究团队承担了国家社会科学基金特别委托项目"中国梦与世界"（批准号为13@ ZH040）的研究。呈现在读者面前的这部著作就是该课题的最终成果，其中部分成果曾在《人民日报》《红旗文稿》等报刊公开发表。

本书是集体智慧的结晶，各章的作者分别是：金鑫（前言）、郑东超（第一章）、林永亮（第二章、第三章）、胡昊与林永亮（第四章）、张伟杰（第五章）、王勋（第六章）、赵明昊（第七章）、王栋（结语）。课题首席专家金鑫同志和中联部当代世界研究中心副主任胡昊同志具体组织了本书的编写工作，金鑫承担了本书的统稿任务，林永亮博士在本课题的完成过程中倾注了大量心血。本书在写作过程中，中联部有关领导和专家、中宣部马克思主义理论研究与建设工程办公室和全国哲学社会科学规划办公室的有关领导和专家给予了很多指导和帮助，作者们在研究时参考吸收了不少专家学者的成果，在此谨向有关领导和同行表示深深的谢意。由于学识和水平有限，书中有些观点可能还有些谬误，真诚欢迎专家学者、同道之人和读者朋友给予批评指正。